绵阳名产

绵阳市地方志编纂中心 / 编纂

四川大学出版社

图书在版编目（CIP）数据

绵阳名产 / 绵阳市地方志编纂中心编纂． — 成都：四川大学出版社，2022.12
ISBN 978-7-5690-5865-9

Ⅰ．①绵… Ⅱ．①绵… Ⅲ．①特产－介绍－绵阳 Ⅳ．① F762.7

中国版本图书馆CIP数据核字（2022）第249121号

书　　名：	绵阳名产
	Mianyang mingchan
编　　纂：	绵阳市地方志编纂中心
选题策划：	罗　丹
责任编辑：	罗　丹
责任校对：	吴连英
装帧设计：	墨创文化
责任印制：	王　炜
出版发行：	四川大学出版社有限责任公司
	地址：成都市一环路南一段24号（610065）
	电话：（028）85408311（发行部）、85400276（总编室）
	电子邮箱：scupress@vip.163.com
	网址：https://press.scu.edu.cn
印前制作：	四川胜翔数码印务设计有限公司
印刷装订：	四川五洲彩印有限责任公司
成品尺寸：	125mm×185mm
印　　张：	4.125
插　　页：	1
字　　数：	68千字
版　　次：	2023年3月 第1版
印　　次：	2023年3月 第1次印刷
定　　价：	32.00元

本社图书如有印装质量问题，请联系发行部调换

版权所有 ◆ 侵权必究

《绵阳地情》丛书编辑部

主　编：韩贵钧

副主编：万晓翠

编　辑：郭　徽　王　飞

　　　　郭　平

目录
CONTENTS

001	|	**地理标志保护产品**
001	|	游仙木龙观红萝卜
004	|	安州魔芋
007	|	江油中坝口蘑酱油
011	|	江油百合
013	|	江油附子
016	|	涪城麦冬
020	|	盐亭梓江鳜鱼
022	|	梓潼桔梗
025	|	天宝蜜柚
028	|	梓潼酥饼
030	|	平武天麻
033	|	平武厚朴

035	|	平武核桃
038	|	北川花魔芋
041	|	北川苔子茶
044	**|**	**市级以上非物质文化遗产项目**
044	|	窝窝店包子
047	|	焦鸭子
049	|	红　酥
052	|	谷花糖
055	|	鲜米粉
058	|	张包蛋
062	|	花庙土陶
065	|	桂华斋米花糖
068	|	雾山石刻
070	|	潼川豆豉
073	|	杜氏皮蛋
077	|	金鼓粉条
079	|	麦冬酒
081	|	鹅溪绢
084	|	梓潼片粉
086	|	梓潼镶碗

088	许州凉粉
091	平武陈年梅线
094	白马藏人蜂蜜酒
096	北川老腊肉
099	北川罐罐茶
102	北川水磨漆艺制品
104	北川传统玉米酒

108	**其他地方名特产**
108	丰谷酒
113	崭山米枣
117	江油肥肠

120	后　记

地理标志保护产品

游仙木龙观红萝卜

木龙观村位于游仙区忠兴镇。相传很久以前，一场暴雨引发的山洪将坝子河边的泥土卷走，大雨过后，一根深埋千年、酷似蟠龙的树干呈现在人们面前。人们将其奉为神明，顶礼膜拜，后在河边建一寺庙，加以奉祀。后绵州太守章柯巡游至此，将这条"上不飞天汉，下不见于田，独困在河边"的"蟠龙"叫作"木龙"，寺庙遂名木龙观，所在的坝子得名木龙观坝，坝子里出产的红萝卜便称木龙观红萝卜。

木龙观村地处东经104°58'，北纬31°45'，海拔499米。木龙观红萝卜生长的最佳地域是一片大约4.7平方千米的冲积小平原,四周被忠兴镇南桥村、双鱼村、龙泉村、凤凰村环绕,构成了一个天然独特的局部小盆地,凤忠河、芙蓉溪环盆地而过,其土壤为上层深厚、疏松透气、富含腐殖质、排灌良好的沙壤土,适宜红萝卜的生长。当地村民采用传统农耕技术种植,不施农药,出产的红萝卜属绿色无公害农产品。

红萝卜种植基地(凌弘 摄)

木龙观红萝卜根直个大,无歧根、根毛及劣根,有"三红一细"〔"三红"指表皮、肉质(韧皮部)呈红色,芯柱呈橘红色;"一细"是指芯柱细,芯柱比例小于1/4〕的特点。萝卜肉质紧密,清香脆嫩,生食略带甜味,熟食香味扑鼻、口感细腻。经检测,木龙观红萝卜钾含量高达532毫克/千克，为普通胡萝卜的两倍以上，重金属、农药残留等卫生指标均达到NY5082《无公害食品 根菜类蔬菜》标准要求。木龙观红萝卜素有"土人参"之美称，有益肝明目、利膈宽肠、健脾消疳、增强免疫的功能以及降血糖血脂的功效。2012年12月其被列为地理标志保护产品，也是游仙区首个国家地理标志保护产品。

木龙观红萝卜

2011年，游仙区成立木龙观红萝卜种植专业合作社；2013年，成立木龙观红萝卜协会。截至2020年，木龙观红萝卜核心种植区栽种总面积达3000亩，每亩的产量为4500斤左右，总产值1000多万元。在每年的产收旺季，当地还会举办木龙观红萝卜采收节，吸引了众多游客前来休闲、观光，实现了一、二、三产业融合发展。

（游仙区地方志办公室）

安州魔芋

魔芋，也叫蒟蒻。安州魔芋是绵阳市安州区（原安县）的特产，是地理标志保护产品。

安州魔芋鲜品的表皮上半部呈暗褐色，下半部呈浅棕色或肉色，平滑饱满，皮薄肉厚，质嫩，呈乳白色，切开后有黏液。《安县志》记载：安县魔芋，种属花魔芋，性寒、味辛，块茎入药，有解毒、消肿、化痰、散结、行淤等功效。常用作治疗咳嗽、疝气、乳痛、瘰疬、烧伤等。久煎内服兼有健胃、消化之作用。安州魔芋的成规模种植加工始于20世纪80年代初，主要以花魔芋、珠芽魔芋等为主。

安州魔芋

安州区境内的低山、丘陵占全区总面积的70%，魔芋产区处于稀林复耕地带，以暗棕壤、褐土、棕壤为主。产区海拔800～1200米，土壤pH值6.5～7.5，酸碱度适中，水分含量60%～72%，土壤质地疏松，通透性好，耕作层深厚，经常年落叶自然腐烂，增施堆肥，养分含量高，适宜魔芋生长。

安州魔芋种植区域主要分布在桑枣、千佛、高川、睢水等乡镇。其中，桑枣、千佛镇为集中连片生产区；高川、睢水镇为辐射带动区。零星种植遍及全区各个乡镇。安州是川西北最大的魔芋生产、芋角和精粉加工基地及魔芋市场集散地。

2008年，安县被农业部评为"全国魔芋产业之乡"。2010年，魔芋种植面积3.5万亩，年产魔芋达4万吨，有11家规模较大的魔芋精粉加工厂，年加工魔芋精粉3500吨，出口创汇600多万美元。2010年9月，农业部批准对"安县魔芋"实施农产品地理标志登记保护。2011年，"安县魔芋"被中国优质农产品服务协会评为全国消费者最喜爱区域公用品牌100强。2013年11月，国家质检总局批准对"安县魔芋"实施地理标志产品保护。安县成为全国八大"魔芋种植基地重点县"之一，安县魔芋的价格从原来的50元/千克提高

到60元/千克，种植面积由原来的3.5万亩增加到4.6万亩。2015年，安县建成中国最大的魔芋产业化基地和种子繁育基地，实现产值5.15亿元。2017年，安州魔芋被列为绵阳市现代农业十大主导产品。2019年，安州魔芋入选中国农业品牌目录"2019年农产品区域公用品牌"，联合北川县入选"四川省特色农产品优势区"。2019年，全区共种植魔芋4.8万亩，鲜芋产量6.72万吨，综合产值7亿元。

安州区有魔芋加工企业17家，其中精深加工龙头企业3家。先后研发生产了魔芋精粉、魔芋干法微粉、魔芋纯化粉、改性魔芋葡甘露聚糖、魔芋葡甘聚糖纤维系列保健食品以及魔芋仿生素食、魔芋米、魔芋面、魔芋凝胶食品、魔芋饮料、魔芋化妆品等产品，销往日本、韩国、以色列、新加坡及欧美各国。

2020年5月20日，经农业农村部评审，"安州魔芋"成功入选第一批全国名特优新农产品名录,品牌知名度在全国进一步提升。

(杨晓灵)

江油中坝口蘑酱油

俗语"开门七件事,柴米油盐酱醋茶",说的是日常生活中看起来不重要但又不可或缺的七件琐事,其中四件都与酿造业有关,所以旧时凡有人居住的地方往往都有从事酿造业的"酱园"。随着社会的进步,这种原产地、原生态的小型经济体逐渐消亡,只

中坝酱油

有个别佼佼者能够延续至今，创自清代的江油清香园正是其中之一。

中坝口蘑酱油蜚声大江南北，是清香园的招牌产品，其最大特点是在保持传统酿造技艺的基础上，加入口蘑作为重要配料，这种酱油的特点是色泽褐亮、形态浓酽、无沉淀、酱香浓郁，具有添色提味、增进食欲的功效，适于烧、炒、炖、卤、凉拌等多种烹饪方式，在川渝两地长期享有盛誉。

据传，清香园创自道光年间的一位冯姓道士。冯道士擅长养生之术，熟悉各种食材及药材，他在中坝北门创立酱园，品质为当时酱品之冠。

中国传统文化常托名于方外人，使之具有一些神秘感，实际上，旧时优质酱园的产生大致需要具备以下几个条件：适宜的自然地理环境、突出的口岸优势、家族的努力经营。所以，当地另有一种认为清香园与晚清江油韩铣家族有关的说法，更值得关注。

韩铣（1847—1911），原籍陕西户县，早年为秀才，后经商，精通中医，同治年间带领韩家迁入四川，置业入籍江油，子弟仍以读书、经商为主。光绪年间，家境丰裕的韩铣进京捐官，本意不外乎做个小官，光宗耀祖，却意外治好了晚清名臣王文韶儿子的怪病，得到王文韶的赏识，由此打开了绝大多数人走不通的"青云路"。王文韶任云贵总督、直隶总督期间，韩铣均是其亲信，并任云南曲靖府知府，后官至直隶天津海关道。与此同时，韩家在江油的产业也蒸蒸日上，本来就精通商业的韩家，怎么会不介入当时江油最有知名度的产业？

民国后，社会结构急遽分化，传统的家族式经营理念、经营模式被打破。1932年，清香园更名为"精诚酱园"；至中华人民共和国成立，经历了公私合营、集体化、股份制，在"让健康代代相传"理念的引导下，清香园稳步发展成为四川最具规模的酱油食醋调味品生产基地，并连续4年进入四川省食品行业30强。

位于江油高新区的清香园绿色食品产业园占地416亩，酱油总生产能力可达7万吨，其中口蘑酱油生产能力达4万吨，产品生产的原辅料、工艺参数不发生改变，部分生产设备进行了更新升级，发酵池由原来的方形钢混水泥酵池改为圆形玻缸发酵罐，保证了产品质量，保持了产品风味与原生产基地一致。

几十年来，清香园"中坝口蘑酱园"获得荣誉无数：1962年，被四川省商业厅评为四川省传统名特调

清香园的口蘑酱油酿造园（杨安文　摄）

味品；1985年，入选《中国名食百科》和《中国土特产辞典》，并获得"中国食品行业名牌产品""中华老字号""四川名牌产品"称号；被国家质检总局列为首批国家免检产品，首家获得全国酱油行业"国家原产地标记保护产品"，并出口北美、东南亚等地。

（郭　平　谢小东）

江油百合

百合,因其鳞茎呈多层白色鳞片环抱状而得名,又名山丹、夜合花等,是百合科百合属多年生草本球根植物,原产于中国,主要分布在北半球温带地区,全球已发现至少120个品种,其中55种产于中国。百合植株高70~150厘米,花多白色,体型大,呈漏斗形,夏秋间盛开,具有较高的观赏价值。鳞茎富含淀粉,可食用,亦可入药,经济价值相当可观。

江油鲜百合

百合在中国有一千年以上的人工栽种历史，江油境内种植百合的历史可追溯至清代（见《道光龙安府志》），当时大致是在县境内的平坝地区小范围种植。江油百合的鳞茎形状为独头，鳞片呈桃心形，片状宽、短、厚，肉质脆嫩，多汁味甜，可生食、药用。

20世纪60年代初，百合种植面积逐步扩大，1973年开始在县境内各公社推广。1985年全县种植百合1120亩，主要集中于大康、青莲、武都等乡镇，这些乡镇的共同特点是均属海拔500~1000米的平坝地区，为砂壤土，有机质含量≥2.33%，pH值5.5~6.5，土层厚度≥20厘米，适宜优质百合的生长。随着产销量的逐年增长，江油百合产业日渐兴旺，所产百合成为地方特产，远销海内外。

2011年至2015年，江油市依托平通河沿岸的地形地貌，在大康镇规划建设了占地346.67公顷的中国百合国际博览园（百年好合爱情谷），为全国最大的百合专类公园，百合种植面积1000余亩，年产量达2000吨，集百合花鉴赏、特色百合产品加工贸易、养生文化体验于一体。千亩百合的种植也带动了大康镇官渡村、旧县村农户的发展，土地增值与农户收入均大幅

大康镇百合国际博览园的百合花田

度提升。

江油的百合产业从栽培、加工到经销,实现了全程科学管理,2016年11月,国家质检总局批准对"江油百合"实施地理标志产品保护。

(郭 平 谢小东)

江油附子

附子,又名乌头、附片,别名草乌,是毛茛科乌头属植物子根的加工品,主要产于我国的四川、湖北、湖南等地。每年夏秋间采挖,除去母根、须根及泥沙，习称"泥附子"，经加工炮制为白附片、黑附片、炮附片、淡附片，以供入药，具有回阳救逆、补火助阳、逐风寒湿邪等功效，是治疗诸多常见病的古方的重要成分。东汉名医张仲景的《伤寒杂病论》中，以附子为主配方的验方就有23个，居首位。

江油附子

江油附子的栽培历史已有上千年。北宋元符二年（1099），彰明（今属江油）县令杨天惠撰有《彰明附子记》，全面记述了彰明附子的产地、产销规模、栽培技术和加工方法，并总结了附子的生产经验，是一部十分珍贵的单味药物专著。明代药物学家李时珍在《本草纲目》中对江油附子也有精辟的点评，他写道，"出彰明者即附子之母，今谓之川乌头"，明确指出了附子中"川乌""草乌"两个类别。

清同治年间，江油附子被列为贡品。民国时期，中坝、太平场有附子加工作坊50多家。江油附子具有个头大、体柔软、肉质细腻的特点，其精加工从形状、色泽、片口、刀法上都十分考究。中坝是全国附片的主要供应基地。

江油附片

1954年，政府投资建设的"江油市附片制造厂"一直是调供全国和出口的唯一专业附片厂，后由中国中药公司管理，更名为"四川江油中坝附子科技发展有限公司"，所生产的"中坝牌"附子系列产品获得"全国中药饮片诚信品牌"称号。公司为绵阳市独家通过国家GAP、GMP双项认证的专业附子加工经营企业，也是绵阳市农业产业化龙头企业。2006年，江油附子被列为地理标志保护产品。

（郭　平　谢小东）

涪城麦冬

涪城麦冬又名川麦冬、绵麦冬，是中国名贵传统中药材之一，也是三台的道地中药材，产区集中在涪江流域三台段以原花园镇（建制调整后并入芦溪镇）为中心的近10个镇（乡）的涪江冲积坝上。

传说，古时候三台段涪江岸边有一个叫没冬的孤儿，他因饥寒交迫和病魔缠身，在一个风雪交加的夜晚死去。后来在没冬坟头长出类似麦苗的一种青草，四季不枯，人们就把它叫作"麦冬"。麦冬结的小果子可以食用，煮熟后的果子没病的人吃了更健壮，有病的人吃了病就好了。于是人们开始精心培育它，就这样麦冬一代一代生长下来，在涪江两岸安了家。

传说只是给麦冬增加了神秘的色彩，麦冬在三台悠久的种植历史也是有据可查的。很早以前，人们就已经知道麦冬，只不过那时它不叫麦冬。春秋战国时期，齐国称其为爱韭，秦国称其为乌韭，楚国称其为马韭，越国称其为羊韭，《图经》一书称之为藟冬，东汉时期的《说文解字》将其称为蘴根。在距今约1200年前，唐朝梓州（今三台县）药市是我国第一个官方药材专业市场，涪城麦冬是该药市的主导品种。

涪江流域三台段两岸的麦冬为什么叫"涪城麦冬"呢？这不得不说一下涪城县。北周时（557—581）将治地在原花园镇的始平县改为涪城县。元朝至元二十年（1283），涪城县并入郪县。元末明初，当地人培育野生麦冬为家麦冬，这种家麦冬因涪城县而取名"涪城麦冬"。

涪城麦冬

明嘉靖年间的《潼川志》罗列了潼川产的33种中药材，其中就有麦冬，万历年间的《重修潼川州志》也有麦冬作为药材的记载。

清乾隆年间编纂的《潼川府志》对麦冬的记载较为详细："麦门冬、禹余粮、禹韭、阶前草。肥地丛生，叶尺余，四季不凋，有须者，根如莲珠。形古人，惟用野生。后世多是种莳并采根为果，陶弘景称为断杀，要药，固有余粮之名，潼产有甘、苦二种，亦近年始见之。"由此可知涪城麦冬不仅是名贵的中药材，而且在粮食不足时可以作为主食，故有"余粮"之称。

涪城麦冬有什么功效呢？我国已知现存最早的药物学著作、约成书于东汉的《神农本草经》把麦冬列为上品：麦门冬，味甘平。主心腹结气，伤中伤饱，胃络脉绝，羸瘦短气。久服轻身，不老不饥。生川谷及堤阪。清代陈修园在《神农本草经读》中说："凡上品，俱是寻常服食之物，非治病之药，故神农另提出'久服'二字……凡上品之药，法宜久服，多则终身，少则数年，与五谷之养人相佐……"可见麦冬早在汉代已有可食之说。

"涪城麦冬千金宝，本草遗株万国珍。"涪城麦冬具有润肺养阴、益胃生津、清心除烦、凉血止血、美颜益肤、强身健体等功效，既可入药，亦可作为保健食品煎汤、泡茶、煮粥。

1949年，涪城麦冬种植面积不到300亩，总产量不到3万千克，到1985年时种植面积达到5700余亩，总产量50余万千克。2020年，麦冬种植面积跃升至6万亩，以烘干块根计，年产量达到1.47万吨，占全国麦冬总产量的70%以上，出口量占全国的80%。产值超过11.7亿元，综合产值超过30亿元。

目前，涪城麦冬是我国唯一在同一地区同一品种拥有5个通过GAP认证基地的中药材，是地理标志

三台县的国家级出口食品农产品（麦冬）质量安全示范区

保护产品、国家质检总局认定的全国精品农产品；涪城麦冬进入中国首批100个《中华人民共和国政府与欧洲联盟地理标志保护与合作协定》之列，可以出口欧盟和使用欧盟的官方标志。三台县涪城麦冬种植区于2009年被列为"国家级农业标准化示范区"，2017年成为"国家级出口食品农产品（麦冬）质量安全示范区"。

（冉进财）

盐亭梓江鳜鱼

鳜鱼自古就被列为名贵鱼类之一，与黄河鲤鱼、松花江四鳃鲈鱼、兴凯湖大白鱼齐名，被誉为我国"四大淡水名鱼"。明代医学家李时珍将鳜鱼誉为"水豚"，意指其味鲜美如河豚。

盐亭县的梓江鳜鱼品质优异，其体色明亮、体表光滑、斑点清晰，烹制后汤色浅白、清爽，香气淡雅、持久，肉质细嫩、紧实，滋味鲜美、回甜、无腥味，富含氨基酸、脂肪、钙、硒、锌等营养物质。鳜鱼主要生长在盐亭县梓江河内，而以毛公、两河境内居多。因梓江鳜鱼的肚子周围长满黑、白色斑点，鱼肚肥大，十分像老母猪的肚皮，故盐亭乡民俗称其为"母猪壳"。

梓江鳜鱼

梓江鳜鱼是盐亭县梓江天然生长的优质经济鱼类，也是梓江的优势鱼类种群。为了保护和发展梓江鳜鱼资源，盐亭县投资建设了梓江鳜鱼保护区。该保护区于2008年7月被四川省农业厅批准为省级水产种质资源保护区，2009年12月被国家农业部批准为国家级水产种质资源保护区，并建立梓江鳜鱼繁育基地。2019年11月，盐亭县梓江鳜鱼被列为地理标志保护产品，保护区域范围为盐亭县凤灵街道、玉龙镇、毛公乡等14个乡（镇、街道）56个村。地理坐标为东经105°21′31″~105°46′57″，北纬31°13′~31°46′。梓江干流流经盐亭县境内110.7千米，周边是梓江鳜鱼的主要产地，保护面积约3333.3公顷，产量0.125万吨。

近年来，盐亭县按照"全面整合资源，打造现代渔业"的思路，整合涉农资金和民间投入3.7亿元，集中打造"西部水产现代农业园"，建成占地1.5万亩（其中核心科技示范园5000亩）集水产养殖观光旅游于一体的现代水产园区。2018年盐亭县储备梓江鳜鱼原种亲本2000余尾，亲本培育池10亩，规模梓江鳜鱼成鱼养殖池300亩。

（彭加卉）

梓潼桔梗

桔梗，别名包袱花、铃铛花、僧帽花，是多年生草本植物，茎高20～120厘米，花呈暗蓝色或暗紫白色，可做观赏花卉；根可入药，有止咳祛痰、宣肺、排脓等作用，为中医常用药。

桔梗广泛分布在东北亚地区，在中国东北、朝鲜半岛常被用于制作咸菜、泡菜，有一首脍炙人口的朝鲜民谣《桔梗谣》描写的就是这种植物。

千年古县梓潼素有"中医之乡""中药材之乡"

的美誉。1949年以来，梓潼共有师承渊源可考名中医284人，被评为"全国基层中医药先进单位"和"四川省中医药产业示范县"。这里得天独厚的自然地理条件为中药材的生长提供了良好的环境。每年出产桔梗、丹参、葛根、芍药等大量中药材，销往全国各地。梓潼桔梗带皮呈黄棕色，去皮呈白色或淡黄白色，硬而不易折断，具短芦头，味微甜后苦，总皂苷含量达11.4%，品质居四川省之冠。1988年2月9日，四川省卫生厅、省医药局在梓潼召开川产桔梗研究鉴定会，梓潼桔梗指标被列为四川省中药材标准，国内药材业把产自梓潼的桔梗特称为"梓桔"，梓潼也因此有了"桔梗之乡"的美誉。

梓潼桔梗种植历史逾300年，品质独特，被四川省科技厅列为"川产道地中药材"。2015年2月11日国家质检总局将"梓潼桔梗"列为地理标志保护产品。2015年9月28日农业部农产品质量安全中心将"梓潼桔梗"列为"无公害农产品"。全县共栽植桔梗1.5万亩，分布在文昌、自强等乡镇，产量达1.5万吨，产值达0.9亿元。

为了充分发挥桔梗产业的优势，梓潼人在凤凰山成立了桔梗专业合作社，为种植户提供桔梗种植技术

农业技术人员在梓潼桔梗种植基地指导

指导、咨询,组织桔梗收购、销售。合作社现有成员1063人,其中农民944人,合作社2007年开始带动梓潼、盐亭、剑阁、中江等9县21670户农民种植桔梗等41种中药材,面积达8.62万亩,组织销售各类中药材产品95720吨,为药农实现产值5.31亿元。

(郭 平 李雨芮)

天宝蜜柚

与多数引种于20世纪七八十年代并得益于现代农业科技成果的优质水果不同，梓潼出产的天宝蜜柚有接近两百年的本地种植历史。《梓潼县志》载："清道光二十八年（1848），时任知县韩一松，过天宝之时见柚果满园，其柚之大，蜀中所无。"

韩知县所见的柚子在梓潼人耐心细致的培植下逐渐成为当地传统水果之一，其皮薄个大，果肉浅黄，柔嫩多汁，酸甜可口，被称为天宝蜜柚。当地人也说不清这种柚子早期的来源，只听说天宝年间，梓潼地当冲要，唐明皇李隆基入蜀避难，途经梓潼，留下了诸多传说，当地人因之有着深厚的唐明皇情结，于是将这种柚子取名为"天宝"。

梓潼降水较足，气候温和，日照充沛，四季分明。冬暖、春早、夏长，大雨迟、结束早，多秋绵雨，汛期集中。气温在22℃以上的夏天较长，年均113天，气温在10～22℃之间的春秋两季各约80天，气温

天宝蜜柚

在15℃以下的冬季年均约92天。优越的地理气候条件非常适合蜜柚的生长。

天宝蜜柚外观呈淡黄色、扁锥圆形、果面光滑整洁，果肉无核、晶莹剔透，口感舒适、又脆又甜。柚单果重1250～3000克，皮薄、可食率高，可溶性固形物11%～12%，维生素C达（30～36）毫克/100毫升，总酸（0.9～1.1）克/100毫升，固酸比8.6～9.3，甜度12°以上。亩产可达8000～10000斤，经济寿命长，且耐储耐运。采摘时间主要集中在11月中下旬。中医认为天宝蜜柚性平，味甘微酸，具有消食和胃、理气化痰、生津止渴的功效，对气滞腹胀、痰多色白、咳嗽喉痒、消化不良、便秘、醒酒解毒等都有效果。

2015年，梓潼县以天宝蜜柚获得地理标志产品保护为契机，在全县范围内启动了20万亩天宝蜜柚产业发展规划。

2016年，天宝蜜柚在第十四届中国国际农产品交易会暨第十二届昆明国际农业博览会上获参展农产品金奖。

（郭　平　李雨芮）

梓潼20万亩天宝蜜柚基地

梓潼酥饼

梓潼酥饼又名"薄脆子""贡饼",是梓潼名特小吃,和梓潼片粉、镶碗一起被称为"梓潼三绝"。

据传早在汉代就有了酥饼。司马相如(字长卿)与卓文君客居梓潼长卿山司马石室时,常以酥饼伴酒吟诗,有"金樽美酒香酥饼,相如弹琴醉文君"的诗句传于世。唐天宝年间,唐玄宗李隆基避安史之乱幸蜀,来到梓潼上亭铺,夜雨闻铃,思念已死的杨贵妃,以致茶饭不思,肝肠寸断。当地官员以酥饼进献,玄宗一品尝,赞不绝口。从此,梓潼酥饼被列为朝廷贡品,故又称"贡饼"。

梓潼酥饼

梓潼酥饼主要

以小麦精粉、菜籽油、化猪油、一级白糖、芝麻等为原料，旧时用木炭火，现采用红外线炉烘烤而成。其形如满月，色泽浅黄，酥纹均匀清晰，破分层薄如纸张，口感酥松油润、香脆化渣，余味回香淡雅，为梓潼三绝之首。如今，梓潼酥饼的品种已经由过去单一的甜味发展出柠檬、香蕉、椒盐、蛋香等多种口味。

梓潼酥饼的制作要经过制酥、和面、制饼、上鏊四个步骤。

首先用菜籽油下锅烧热，端离炉火，慢慢倒入白面粉迅速搅拌均匀后，起锅盛入盆内待用；接着将面粉搓揉成表面发光的硬面团，再将剩余的碱水洒入，并用拳头在面团上压，使碱水渗入面内；然后将面团用力搓揉到有韧性时拉成长条，抹上清油，摘成面剂，将搓成的长条压扁，再用小擀面杖擀成约5厘米宽的面片，逐片抹上油酥、撒上椒盐；右手拎起右边的面头，向外扯一扯，再按3折折起来，每折长约20厘米，然后由右向左卷，卷时要用右手指微微往长扯，左手两指撑住面片两边往宽拔，边扯边卷成十余层，再将剩余面团扯长扯薄，抹上油酥，扭成蜗牛状；最后将面团压成中心稍薄，直径约7厘米的小圆饼，在鏊内倒入油，将小圆饼逐个排放在鏊里，鏊下的火力要分布均匀，达到火色均匀，两面酥黄出鏊即成。

梓潼县境内现有七曲山食品公司、梓潼县继特食品厂、花果山食品公司从事酥饼生产和销售。其中"七曲山牌"梓潼酥饼1984年荣获"四川省优质产品"称号，1989年荣获中商部"优质产品"称号，1992年荣获"巴蜀食品节"金奖，2009年9月入选绵阳市首批市级非物质文化遗产保护名录，2011年11月被国家质检总局列为地理标志保护产品，也是梓潼县首个地理标志保护产品。

（李雨芮）

平武天麻

天麻为传统中药材，入药部位为兰科植物天麻的干燥块茎。历史上对天麻入药的记载始见于两千多年前的《神农本草经》："味辛，温，主杀鬼精物、蛊毒、恶气，久服益气力、长阴、肥健、轻身、增年，一名离母，一名鬼督邮，生川谷。"

天麻的主要功效是息风止痉，平抑肝阳，祛风通络。主治肝风内动、惊痫抽搐、眩晕、头痛、肢体麻木、手足不遂、风湿痹痛等症。

平武县地处青藏高原向四川盆地过渡地带，气候、土壤条件独特，适宜多种地产药材种植，有"土产唯宜药"之说。天麻适宜的生长环境一般在海拔1200~1800米的林下阴湿、腐殖质较厚的地方，也是平武当地特产的中药材之一。平武天麻有3个品种，分别为红天麻、乌天麻、绿天麻，栽培种以乌天麻、红天麻为主，其中乌天麻个大、形色好、有效成分含量高，经成都中医药大学中药研究测试中心多年连续检测，平武天麻天麻素含量超过《中国药典》的要求，最高达到0.98%，是四川天麻的代表。平武天麻的鲜品、干品嚼之均有黏性，初味甘而后辛，其味滞留口内，较长时间都难以消去，这种特殊气味俗称"马尿味"。平武天麻具有预防和治疗血虚肝风内动引起的头痛、眩晕、偏正头痛、肢体麻木、半身不遂及小儿惊风、癫痫、破伤风等药用价值和保健功效。2013年10月，平武天麻被批准为地理标志保护产品。

平武县自古以来就是四川天麻的主产区之一，且有较长的人工栽培历史。经过多年的努力探索，平武天麻栽培大多已由无性繁殖变为有性繁殖、杂交

平武天麻（鲜品）　　平武天麻（干品）

育种，种植方式也由"窝种"变为"林下仿野生垄种"。1999年，平武被列为"国家中药现代化科技产业（四川）基地天麻规范化种植示范区"。2011年以来，四川泰灵生物科技有限公司等8家公司先后和平武县永诚天麻专业合作社等30个专业合作组织及营销大户26户，采取"公司+基地+科研+协会"的农业产业化运行模式，以"公司+农户"建设规范化种植基地、"企业+科研"打造品牌促进产业开发为主要措施，协力打造"平武天麻"地理标志保护产品。平武天麻产业初步形成布局基地化、生产规范化、加工精深化、产品品牌化、经营规模化、市场专业化、服务优质化产业发展格局。2020年全县天麻种植面积（林下）达到3.2万亩，综合产值达3.84亿元。

（平武县地方志办公室）

平武厚朴

厚朴为传统中药材，入药部位为木兰科植物厚朴或凹叶厚朴的干燥干皮、根皮及枝皮。其主要功效是燥湿消痰、下气除满，主治湿滞伤中、脘痞吐泻、食积气滞、腹胀便秘、痰饮喘咳等症。主产于四川、湖北、浙江等地。

因地理环境优越，平武县境内盛产中药材，而适宜在中低山地生长的平武厚朴就是当地著名的特产中药材之一。厚朴在平武境内的种植历史悠久。平武古称龙州，《新唐书·地理志》就有"龙州土贡厚朴"的记载。明代《本草品汇精要》则称："（厚朴）道地蜀川、商州、归州、漳州、龙州为佳。"与普通川朴相比，平武厚朴表面更加平整，少有孔洞和突起，色泽更为油润，气味更为浓郁，闻之上颚有辛辣感，鼻塞者有鼻腔通畅感。经检测，平武厚朴的有效药用成分总量不低于3%，远高于《中国药典》标准（《中国药典》规定不低于2%），农药残留量和重金属总量远低于国家相关安全标准规定的限量。2014年10月，平武县被中国经济林协会命名为"中国厚朴之乡"。2015年，平武厚朴被批准为地理标志保护产品。

平武厚朴

20世纪90年代开始，平武县抓住国家大力发展现代中药的战略机遇，结合该县山地资源充足、土质肥沃、气候适宜、企业和农户种植经验丰富等优势条件，大力发展厚朴种植生产。经政府扶持、企业带动，平武厚朴销售价格和药农收入均有显著增加，标准化管护区由原来的覆盖个别乡镇推广到覆盖全部保护区域，标准化种植管护模式得到了当地群众的认可。

2015年，全县种植平武厚朴25.5万余亩，年产干品7000余吨，产值达7000多万元，位列四川省之首。2021年，平武厚朴的种植面积达49.95万亩，主产区在锁江、土城、水晶等乡镇，年产干品2万吨，产值2.5亿元。厚朴叶加工成食品包装材料出口日本、韩国等地，厚朴花籽也已被开发为特色食品，端上人们的餐桌。

（平武县地方志办公室）

平武核桃

核桃树是常见的木本油料植物，其成熟的果实核桃仁可以直接食用，也可以加工为附加经济价值更高的产品。如用核桃仁压榨的核桃油是一种高级保健食用油，其营养价值高，易被消化吸收，被誉为"东方橄榄油"。以核桃仁、纯净水为主要原料，采用现代工艺加工制成的核桃露，口感细腻润滑，香浓爽口。以糯米、核桃、枣等为主要原料，以白砂糖为调料加工制作的核桃酪，浆浓而甜，益智补脑。

平武核桃历史悠久，百年老树随处可见。《平武县志》记载：平武县盛产核桃，年产量1250吨左右，1979—1990年，共出口核桃仁644.4吨，总产值590.82万元。平武核桃果大、壳薄、仁黄、质优、无公害，营养丰富，含油率为63%~78%，为大豆的4.5倍、油菜籽的1.8倍，比花生和芝麻含油高13%~24%，含蛋白质15%~27%，并含有丰富的维生素及钙、磷、铁等矿物质。1977年，四川省人民政府确定平武为全省核桃生产基地。2010年，平武核桃通过中国绿色食品发展中心绿色食品A级认证，并被中国绿博会组委会授予"中国最畅销农产品奖"。2011年，平武核桃被批准为地理标志保护产品。2018年，平武县石坎核桃专业合作社申报的"涪源龙门山"牌核桃通过了中国A级绿色食品认证，被授予绿色食品标志使用权。

平武核桃（干果）　　　　平武核桃（鲜果）

平武全县25个乡镇基本上都有面积不等的核桃林，一直以来都是群众致富增收的拳头产业。为推广保护本地优质品种、打造本地特色核桃品牌，平武建设了两个核桃采穗园，面积达100亩，获得了3项专利。平武"涪源龙门山核桃"是入选国家首批名优特新农产品和四川省50家最受消费者欢迎的农产品品牌，石坎紫皮核桃通过国家良种认证。这些优质品牌为提升平武核桃附加值增加了更多的含金量。

平武把核桃产业作为县域经济的骨干产业和加快山区群众脱贫致富步伐的支柱产业来抓，坚持"发展基地化、品种优良化、栽培标准化、管理规范化"的"四化"原则，更新改造老树，综合管理大树，高接换优小树，栽培早实优树，明确提出株数、产量、收入"三年翻一番"的目标。

2015年，平武县共栽植核桃树270万株，折合面积12万亩，年产核桃（干果）1600多吨，年产值1800万元。2017年年底，平武县石坎核桃专业合作社与北京一家投资担保公司牵手，融资8000万元，建设了一条年产绿色食品核桃坚果1500吨、核桃仁300吨、核桃油100吨、核桃粉100吨的加工生产线。2018年，平武核桃产量达1500吨，产值2000多万元。2020年全县核桃种植面积19.95万亩，产量2.6万吨。

（平武县地方志办公室）

北川花魔芋

北川县境内山峦起伏，沟壑纵横，最高海拔4769米，最低海拔540米。气候温和，四季分明，雨量充沛，年平均气温15.6℃，年平均无霜期276天，年平均降水量1002.7毫米，平均日照东南部为931.1小时、西北部为1111.5小时，具备魔芋生长的最佳气候条件。境内森林覆盖率达65.81%，土壤肥沃疏松，富含腐殖质土，特别适宜魔芋的种植和生长。由于特殊的地域特点和二十多年优良品种的引进和推广，以及多年大规模种植，因魔芋特殊的杂合性而形成"北川花魔芋"这一独特品种，具有与其他地域魔芋产品不同的优异特性。

北川花魔芋的优异特性表现在：一是内含有效成分高。北川标准花魔芋精粉提取回收率达55%～60%，大大超过湖北、陕西、云南、贵州、

北川花魔芋种植基地

重庆各产地和省内其他市县产区同类品种（别的地区一般都在40%～50%）；二是北川花魔芋精粉的主要质量指标——黏度，特级达25000PPM（国标为22000PPM），一级达20000PPM（国标为18000PPM）；三是北川花魔芋精粉的主要质量指标之一葡甘露聚糖含量超过其他产区四至五个百分点；四是北川花魔芋精粉作为食品添加剂需要的非常重要的质量指标——溶液透明度可达80%，而其他产区一般在70%左右；五是北川花魔芋外观品质尤其优良，色白颗粒均匀晶莹，在镜检下的晶体亮度尤其突出。

2010年，北川花魔芋被评为地理标志保护产品，县内永昌镇、永安镇、擂鼓镇、曲山镇、通泉镇、陈家坝镇、桂溪镇、都贯乡、漩坪乡、白坭乡、禹里镇、开坪乡、小坝镇、桃龙藏族乡、片口乡、坝底乡、马槽乡、白什乡、青片乡19个乡镇均属保护范围。

至2020年年底，北川花魔芋种植面积达7.27万亩，产量8.36万吨，县内曲山、通泉、陈家坝、禹里、坝底、马槽、都贯等17个乡镇建立了魔芋种植基地，有魔芋专业合作社10个。全县有绵阳安福魔芋开发有限公司、绵阳圣安魔芋制品有限公司、绵阳市洺康魔芋制品有限公司、北川天润魔芋精粉厂等规模以上魔芋加工企业，主要生产魔芋精粉、魔芋食品等产品。

（全理强）

北川魔芋菜品——素毛肚

北川苔子茶

北川苔子茶是野生茶树在北川县特定的环境长期生长、进化形成的一个特有品种，生长于海拔1000~1800米的高山密林之间，受昼夜温差大、云雾多、日照短等自然环境影响，形成了耐寒、芽壮、叶厚、氨基酸含量高等特性。经检测，北川苔子茶中儿茶素占茶多酚的60%~80%，酯型儿茶素约占儿茶素总量的70%~80%，茶叶内含物搭配合理，氨基酸含量高，制成的茶叶滋味醇厚、香气浓郁、耐冲泡，是加工制作各类茶叶产品的优质原料。2009年10月，国家质检总局批准对"北川苔子茶"实施地理标志产品保护。

北川苔子茶人工种植方式为种子丛植，以粮茶间作、高桩修剪为主要特征。丛距4~6米，每丛约5~10株，高桩修剪，除去弱枝（亮蔸），每丛留养10~20个健壮的高桩，茶丛中间高（桩高80~120厘米）、四周低（桩高30~80厘米），棚面呈半球形，新芽从桩顶萌发，采摘（采割）面位于桩顶，这种种植方式对粮食产量影响小。高桩修剪的种植方式可使茶丛之间的间距增大，相互独立，茶丛内采摘桩高低相错，形成了立体空间，枝叶重叠少，茶树采光均匀，通风透光，病菌不易生存，因此茶树基本不会产生灾害性病虫害。

北川苔子茶园（全理强 摄）

在传统的羌族罐罐茶文化中，用刀割下长约30厘米的一二年生枝叶，每年夏至前完成采摘（采割），每年采割一次，鲜叶采割等同于修剪。茶树枝叶采割后，创口自然愈合形成疤痕，由于鲜叶采割位置始终位于采摘桩顶部，久而久之，采摘桩顶部疤痕叠疤痕，形成拳头状。50~70年后，茶树采摘桩老化、干枯，茶树兜部萌发新枝，茶农剔除枯枝，从新枝中的不同方向留养健壮的10～20枝作为新的采摘桩，茶树骨干枝完成更新。

随着生活水平的提高和对外交流融合，羌族人民既传承了先民的茶文化，又创新发展了北川苔子茶的内涵。先采摘苔子茶枝上的春茶嫩芽制作成不同等级的绿茶、红茶及白茶；将春末的一芽三四叶采摘后，在西路边茶制作技艺基础之上创新开发杯泡的散黑茶；将部分当年发的枝条于6月中旬采割后制作成西路边茶中的茯砖茶进行销售。

（全理强）

市级以上非物质文化遗产项目

窝窝店包子

绵阳人有句老话：好吃包子窝窝店，好看景致西山观。此话道出了窝窝店包子的美味，以及绵阳人对它的钟爱。《绵阳市商业志》记载：窝窝店包子老店位于绵阳市涪城区警钟街与翠花街交会处，此处地势较低，被当地人称为"窝窝头"或"窝凼凼"（在绵阳方言中"窝"即"凹"的意思），该店因此得名"窝窝店"。

窝窝店包子传统制作技艺始创于清朝光绪年间，历经五代传承人坚守至今，已有130多年的历史。窝窝店包子始终坚持老面发酵工艺，选取上等面粉、优质水源，制作过程包括制酵子、发面、兑碱、揉面、切块、剁馅、炒料、拌馅、下剂子、压皮、成型、装笼、蒸制13道工序，尤以制面最为关键。蒸笼里采用松针垫底也是窝窝店包子的一大特色。刚出笼的包子面皮洁白富有弹性，肉馅松软、汁水充足、味道鲜美，咬之口感滋润，面香与肉香之间又混着松针的香气。吃包子时还可以就一碗慢火熬制的大骨汤，营养均衡，老幼皆宜，也难怪好吃的绵阳人对窝窝店包子情有独钟。窝窝店包子1999年被评为中华名小吃，2000年被评为"四川餐饮名店"；2020年，窝窝店包子传统制作技艺被列为绵阳市第六批市级非物质文化遗产项目。

窝窝店包子

2017年，窝窝店包子在保留原有传统及特色的基础上进行了产品、服务及店面环境的升级改造，成立了研发中心、培训中心、小型中央厨房，实行标准化、精细化的流程管理，正式开启老字号连锁化模式。窝窝店包子连锁店全部采用中式特色与现代风格相结合的装潢设计，让就餐环境更加优美；透明式面点间、开放式后厨以及高品质的选材、严格的卫生管理，令食客们更加放心。

作为一个在绵阳扎根百年的老字号，窝窝店包子陪伴了一代又一代绵阳人。去窝窝店吃上一笼热气腾腾、香气四溢的包子，成为很多老绵阳人的习惯。异乡游子回到绵阳也总爱去窝窝店包子铺重温那熟悉的家乡味道。小小的窝窝店，不仅见证了绵阳城市的发展与变迁，也承载着绵阳人的乡愁和记忆。

（王　飞）

焦鸭子

焦鸭子是安州区颇为知名的地方美食。来到安州，说起位于罗浮山风景区的"百年老店焦鸭子"，可谓无人不知，无人不晓。近百年来，焦鸭子以其独特的醇香口感，深受食客喜爱。

焦鸭子属卤菜，主材选用安州本地所产的上等土鸭。其烹制工艺十分考究，需经过宰杀、剖洗、码

焦鸭子

味、腌制、出坯、卤制、烟熏等十多道工序方能制作完成。其中最为关键的卤制环节所用的卤水乃焦家祖传的秘制配方；卤制时间、火候也是其独门绝技。做好的焦鸭子，外观色如琥珀，鸭肉、鸭皮、鸭肪层层分明；入口细品，皮酥肉嫩，咸淡适中，烟熏和卤香味浓郁，令人称绝。

传说焦鸭子的制作工艺起源于清代，其创始人焦先祖巧遇清官御厨，得其真传，学得卤鸭秘法。百年来，经过一代又一代的发展，焦鸭子的经营品种从单一卤味到各种新创制的精美菜肴，经营规模从昔日提篮小卖、街边小摊到品牌餐厅，实现了从民间小吃升

焦鸭子的制作

级为地方餐饮名片的华丽转身。如今,焦鸭子风味餐厅以鸭为主料的菜品已有一百多种,在传统卤鸭的基础上,新增了清蒸、干烧、凉拌、炖煨、熘炸等多种烹饪方式。在选鸭、香料配制、卤水熬煮、卤鸭火候等各道工艺流程方面也已形成标准化、定量化的科学标准。

2008年,焦鸭子制作工艺被列为绵阳市第二批市级非物质文化遗产项目。其代表性传承人焦长松是安州区桑枣镇人,在改革开放初期就传承祖业,从事卤鸭制作和售卖生意。随着地方经济的快速发展和餐饮服务业的欣欣向荣,焦长松经营的焦鸭子生意也越做越红火,现已发展成为拥有固定资产1000余万元的大型餐饮企业。

(杨晓灵)

红 酥

安州特色小吃红酥,民间俗称"干盘子",被誉为川西北一绝。红酥制作技艺在川西北流传广泛,尤以秀水镇红酥最具代表性和影响力。

据考证,红酥与清代当地著名诗人李调元大有渊源。李调元之父李化楠筑有私家园林——醒园,所撰《醒园录》一书为中国古代重要烹饪专著。乾隆年间,李调元因得罪权贵被贬回乡,心绪烦闷,遂寄情山水,醉心于诗酒文宴。

某一年春天,李调元在罗浮山庙会期间,偶然尝到一种外观金边红心,食之酥脆鲜香、入口化渣的当地点心。一问之下,这种亮眼的点心,食材却是普普通通。李调元走南闯北,见多识广,对烹饪一道有精深的研究。他对这道来自民间的点心着了迷,在虚心向当地师傅学习请教,掌握了基本制法的基础上,对其加以改良,并取名"红酥",红酥遂成为雅俗共赏的名吃。

经李调元改良后的红酥,要经过制作肉馅、蒸坯、炸条、复炸等十余道工序。目前被普遍采用的传统工序是,首先将选好的五花肉清洗干净、去皮后剁成肉馅,加入鲜葱白、黄姜末、花生仁、鲜鸡蛋、花椒、盐、红薯淀粉及李氏秘制调料,反复搅拌,制成肉馅;接着将搅拌好的肉馅均匀铺在平盘上,放入蒸箱蒸制约1小时至熟透;然后将蒸熟摊凉的肉坯切成宽

2~3厘米、长15厘米左右的长条，裹上用红薯淀粉、鲜鸡蛋调好的粉浆，放入80℃左右的菜油里炸制成黄色；最后将炸制好的长条肉坯摊凉，切成宽2~3厘米的薄片，放入120℃的菜油里炸制，炸好的薄片肉馅呈红色，外边呈黄色，黄中透红，冷却后即可包装或装盘食用。完成整个制作需3天时间。

红酥的制作技艺于2008年被列为绵阳市第二批市级非物质文化遗产项目。其代表性传承人李俊虎是安州区秀水镇人，他在传承传统制作工艺的基础上引入新的饮食理念，成品含油量比传统制作减少了三分之一，使胆固醇和脂肪含量大大降低，更符合现代人低油少糖的健康饮食习惯。他还创新风味，在传统椒盐味的基础上增加了葱香味、麻辣味，还开发了新品种蛋酥花生。

红酥

2012年，秀水红酥荣获绵阳市首届农副产品博览会金奖。如今，红酥产品已进入各大超市及绵阳机场、火车站等处的旅游特色商店，年销售量达60多吨。

（杨晓灵）

谷花糖

谷花糖是安州区花荄镇的传统美食。它以优质糯米谷和麦芽糖为主料，芝麻、核桃、花生等坚果为辅料，采用传统工艺手工制作而成，口感酥脆香甜、入口化渣，被当地人作为逢年过节、招待亲友的一道特色点心。谷花糖的制作工艺已有上百年的历史，2008年被列为绵阳市第二批市级非物质文化遗产项目。其代表性传承人何国平是安州区花荄镇人，从事谷花糖制作已近30年，也是何家谷花糖的第三代传人。

相传谷花糖是何家祖辈在无意中"发明"出来的。在百年前的一个秋收时节，天公不作美，连续一个多月阴雨连绵，何家收获的糯米谷子因无法晾晒，有发霉的迹象。家里有人灵机一动，提议把谷子放在大铁锅里，用火烘烤。没想到，谷子在铁锅里发出了噼里啪啦的响声。原来谷子被高温烘烤后，谷壳像鞭炮一样炸开，绽放出一朵朵洁白小巧的糯米谷花，一股糯米的清香溢满整间屋子。家人品尝谷花，只觉得蓬松酥脆，唇齿留香，格外可口。此后何家便常常烘烤谷花作为零食，并通过不断摸索，逐渐掌握了在糯米谷花中加入麦芽糖做成谷花糖的方法。

随着时局动荡，税收越来越重，光靠种地难以维持一家人的生计，何家人想到了靠制作、售卖谷花糖来补贴生计的办法。最初，由于口味单一，销量并不好。何家人学习借鉴各地糕点的制作工艺，在谷花糖中添加花生、核桃、芝麻等坚果，中和甜腻、丰富口感，又研制出红糖、白糖、椒盐等各种口味，以满足

谷花糖

顾客的不同需求。渐渐地,谷花糖的名气随着顾客的口碑越传越响,成为远近闻名的安州名产。

何家谷花糖配料讲究,制作精良。谷要选用山区的老品种高秆糯米谷子,色泽金黄无杂质。准备制糖之前,要将糯米谷铺在地上晾晒一天,让谷衣充分接触空气中的水汽,又不会打湿谷粒。只有这种处于微润状态下的糯米谷,才能在下锅炒的时候爆出最完美的糯米谷花。

在炒制时,先让锅的温度与特制的锅砂保持一致,再放入谷子翻炒十几秒就会爆出纯白清香的糯米谷花。等谷花全部绽放完后,立即停火起锅,用筛子筛掉里面的锅砂和谷壳,并搓落一些未脱落的谷壳,挑出没爆开的谷粒。

接下来是最难的一个步骤——熬糖。由于每个季节的气候状况不同,火候的掌握尤为重要。要将麦芽糖、红糖和白砂糖放入锅内熬煮,直至糖浆冒出的大气泡变成微小的气泡,随即放入少量的菜籽油,将谷花糖的甜和酥全部激发出来。待温度升至一百多摄氏度后,加入糯米谷花和芝麻、核桃、花生等坚果配料,快速搅拌均匀。把刚起锅的谷花糖倒入木框模子里,用木推板压平,然后用菜刀开条,切成一块一块的。到这里鲜香脆甜的谷花糖就制作完成了。

纯手工制作的谷花糖工序复杂，产量不高，但何国平仍然坚持传承祖辈的手艺，以保留谷花糖的传统风味。同时，何家谷花糖也不断改良配方和工艺，创制出更加营养科学的低糖低油的谷花糖产品，以顺应和满足新时代消费者对食品健康的需求。

（郭　徽　杨晓灵）

鲜米粉

绵阳人常吃的米粉是指大米经过浸泡、磨浆、蒸煮、压条等工序制作而成的细米线，是绵阳人最为钟爱的美食，在餐饮江湖上的地位如同小面之于重庆人、热干面之于武汉人、螺蛳粉之于柳州人。

旧时绵阳人的早餐流行稀饭、馒头、包子、豆浆、油条、面条等传统小吃。随着经济和社会的迅速发展，人们的生活节奏不断加快，口味鲜香、营养丰富、方便快捷的米粉逐渐成为绵阳人青睐的早餐美食。经过近30年的发展，绵阳米粉俨然已经成为绵阳的一张美食名片。从繁华的市区到古朴的乡镇，各种招牌的米粉店随处可见，简陋的店面内外每个清晨都有络绎不绝的食客，他们端着一碗碗热气腾腾的米粉，趁热吃完，带着满足的神色匆匆离去。

现在的绵阳米粉大部分已实现了工业化生产，但以传统工艺手工制作的鲜米粉，以其新鲜嫩滑的口感，仍然受到老食客的追捧，在激烈的市场竞争中占有一席之地。鲜米粉的名号源于绵阳市安州区（原安县）的米粉经营者。鲜米粉不同于干米粉，它重在一个"鲜"字，做出来的米粉不需要晾晒，直接烫熟并配上浇头即可食用。鲜米粉质地柔糯，富有弹性，水

鲜米粉成品

煮不糊汤，干炒不易断，口感爽滑入味。2008年，鲜米粉制作工艺被列为绵阳市第二批市级非物质文化遗产项目。

除了米粉本身的口感，米粉浇头的口味好不好也十分重要，这是一家米粉店能否留住回头客的关键所在。浇头分红汤和清汤两种，两种浇头也可以同时混合使用，绵阳人称之为"清红汤"或者"对浇"。红汤一般分为牛肉、肥肠、笋子等口味，清汤则有鸡汤、圆子（肉丸）、海带、豌豆等口味。红汤重口麻辣、汁浓味厚；清汤色泽油亮、鲜香浓郁；清红汤则两者兼具。除了汤料浇头，店家一般还备有葱花、香菜、韭菜、折耳根、大头菜、酸菜等佐料，由食客根据喜好自行添加。

米粉最大的优势在于快捷。食客来到米粉店，只需向烫粉的老板报出口味、分量，老板就会手脚麻利、轻车熟路地快速完成烫粉、添加浇头的程序。只要一分

鲜米粉

钟，一碗热气腾腾、汤鲜味美的米粉就呈现在食客面前。对于早上出门，争分夺秒忙着赶路、上班的人来说，它真是一道又实惠又好吃的"快"餐了。由于米粉的拥趸甚多，现在许多米粉店也不再仅仅满足于只经营早餐，绵阳米粉已变成早中晚都能吃到的"全天候"美食。

近年来，绵阳米粉的名声不胫而走，绵阳的米粉产业也随之不断发展壮大。2020年，绵阳市有专业从事食用粉丝生产及销售的企业400多家，有近百家集技术研发、生产、市场营销、品牌管理于一体的完整产业链布局的综合性食品公司。全市登记在册的米粉店约5000家，累计从业人员约5万人，2020年米粉行业产值约20亿元。

（郭　徽）

张包蛋

"包蛋"，又名"皮蛋""松花蛋"，古时也称"混沌子""牛皮鸭子"。张包蛋制作技艺指产生并流传于四川盆地西北部安县（今安州区）桑枣镇的传统特色饮食制作技艺，在川西北包蛋行业中最具影响力和代表性，2015年被列为绵阳市第四批市级非物质文化遗产项目。

皮蛋是中国独特的蛋加工品，也是一种碱性食品。腌制皮蛋所需的材料有盐、茶以及碱性物质（如生石灰、草木灰、碳酸钠、氢氧化钠等）。皮蛋的制作原理是利用蛋在碱性溶液中能使蛋白质凝胶的特性，使之变成富有弹性的固体。关于张包蛋的来历，据考证，清光绪年间，创始人张元林结识了一位来自江浙的云游僧人，僧人传授给他一种无须蒸煮就可以让生蛋变成熟食的技术。后来，张元林制作的包蛋被人们称为"张包蛋"。每年栽秧子、过端午，安县人除了吃粽子，还有吃张包蛋的习惯。

张家祖传包蛋手艺独特，制作精细，用料考究，独具风格，其色泽、风味都有独特之处。张包蛋制作技艺的关键流程在于选蛋、配料腌制和窖藏。

选蛋：精心选取质优上品蛋，淘汰沙壳蛋、畸形蛋、扁蛋、软壳蛋、条纹蛋、薄壳蛋，可有效避免沙门氏菌等致病菌。

配料腌制：配料主要有椿芽皮、桂皮、茴香、山奈、八角、香果、草果、白蔻、香叶、桂花、菊花、茶叶、桑叶、食盐等。根据包蛋口味的不同，按比例精选不同配料搭配熬制成配料水备用。再将石灰、黄泥混合拌匀后，加入熬制备用的碱水和配料水拌成料泥。将选出的优质鸭蛋均匀涂抹一层料泥，装坛腌制。腌制时间根据季节的不同，略有变化，冬季需要25～30天，夏季需15天左右。

窖藏：将腌制成熟的蛋放在泥地上或窖藏10～15天，达到去碱的作用，直到蛋白、蛋黄发生明显变化，蛋青黑釉出现"松花"，剥壳后色泽黄亮，蛋清呈现出美丽的花纹，这时的蛋香味浓郁，口感极佳。

为了保湿、保温、保质，窖藏后的蛋一般还要裹上保鲜膜，外加各种彩色锡箔纸，以隔湿、隔热、保鲜，确保保质时间长达半年。

包蛋还具药用价值。中医认为，皮蛋性凉，可治眼疼、牙疼、高血压、耳鸣眩晕等疾病，若加醋拌食，则能清热消炎、养心养神、滋补健身。

第四代传承人张军、张勇秉承祖传张包蛋制作技艺，深得祖传技术中的"主要是认蛋，其次才是做包蛋"的要领。其中张军被称为"认蛋奇人"，他随便拿一个蛋，用肉眼就能看出这个蛋的好坏，还能看出

正在窖藏的张包蛋

这个蛋是单黄蛋还是双黄蛋。张包蛋以包蛋、盐蛋名气最大,其包蛋制作技艺和产品深受好评。2011年,张包蛋被绵阳市商务局评为"百年老字号",在绵阳建有数十家直销店,在成都、德阳等周边城市亦有很好的口碑。

(杨晓灵)

花庙土陶

安州区桑枣镇花庙村烧制陶器制品已有数百年的历史。这里的泥质细腻，含有丰富的铝、硅、铁等多种矿物成分，烧制的陶器制品质地细腻、光滑，是家家户户必备的生活用具，深受当地群众喜爱，形成了独特的土陶文化。

《安县志》和1986年《桑枣镇志》记载，花庙村的坛罐窑始建于南宋早期，距今已有近900年的历史。距目前的烧窑处不远有一座小山，是由烧窑的废土陶堆积而成的。花庙村保留下来的两口具有400多年历史的"坛罐窑"遗迹，是花庙土陶最好的见证。1952年，老窑师傅邓少文在地窑的一侧发现了一块刻有"清顺治二年张立春立石"的石碑，碑文称坛罐窑系文姓所建，继以曹姓、张姓。碑文还表明窑址可上溯至明代。

据邓氏迁徙资料，早在清康熙十年（1671），今花庙土陶技艺传承人邓忠华的祖上已迁入花庙村，以土陶烧制为营生，历经300多年，子孙后代一直从事这门传统的技艺，邓忠华现已成为花庙村陶艺最具代表性的传统手艺人。

传统土陶制造全部由手工完成，工艺复杂，有陶泥选取及搭配、土法洗浆、和泥、手工揉搓、拉坯、晾晒、装饰刻画、施釉风干、烧制等十道工序。主要流程是：去掉表层土，用不带石子的具有黏性的黄泥夹白泥陶土，混合含铝、硅的白泥，含铁的黄泥及黑泥，以适度比例搭配；用水淘浆过滤、沉淀杂质；将泥切片，踩匀，使泥柔软均匀；取适量泥块用手揉

花庙土陶艺人在制作陶器（王剑　摄）

搓，增加泥块的密度和黏性；将揉搓好的泥块放在石盘上，用木棍转动石盘，进行拉坯造型；将成型的泥坯放置阳光下自然晒干，不能过度暴晒；用刻刀在坛罐外壁刻画山水、花鸟、人物等吉祥图案；成型的干坯放在釉中滚动，均匀上釉，风干；制作好的坯体放入龙窑中，火温控制在1190℃~1200℃，烧制8~10小时，土陶产品制作完成。制成的陶器主要有泡菜坛、罐、缸、盆等生产生活用品，还有花瓶、花盆等艺术摆件。

花庙陶业（李孝鑫 摄）

在花庙村，祖祖辈辈都制陶、烧陶、出售陶器，只要是男孩从小就得学制陶技艺，当然也有女孩学习制陶的。村里的八旬老人邓先乐说，记忆中花庙村的窑场有邓家、曹家、王家等几家大户，十来个窑口，窑工数百人，花庙村出产的陶器产品销售网除安州本地，还覆盖了绵阳、德阳、茂县等地。

花庙土陶制作技艺于2018年被列为绵阳市第五批市级非物质文化遗产项目。在非遗传承人邓忠华的带动下，花庙土陶艺人一面坚守和传承土陶制作技术，一面热心参与陶艺体验、陶艺传习、陶艺文创等乡村旅游项目。如今的花庙土陶产业已成为集现代化制陶和文旅融合发展于一体的重要产业，在新时代焕发出新的生机。

（杨晓灵）

桂华斋米花糖

桂华斋米花糖是武都镇的传统美食，2010年被列为绵阳市第三批市级非物质文化遗产项目。

桂华斋米花糖

桂华斋米花糖制作工艺源于清末王氏制糖人，是子继父业式的工艺传承。1867年至1903年间的两代王氏制糖人的姓名已无从考证，从1903年开始制糖至1936年的王锡山为第三代。《江油县志》记载："民国八年（1920），由陈华廷、许桂元合伙投资在江油县原县城武都开设桂华斋，生产米花糖、藕片、桃片、花生粘等各种点心及蜜饯，所产米花糖色白味甜，酥脆化渣，年销售量曾达到1.7万公斤。"当时桂华斋聘请的糖工技师就是王锡山，其制作米花糖的技艺十分精湛，传名于邻县。

桂华斋米花糖的选料和制作工艺十分讲究。主要选用优质糯米、菜油、白糖、饴糖、花生、生姜等原料。制作工序主要包括：

一是蒸米。糯米筛去小碎米，用清水淘洗干净，泡米到适度，沥干水分，用少量菜油拌匀糯米，再上蒸笼用大火蒸熟至米无白芯。蒸好的糯米晾晒阴干备用。

二是治油。将纯菜籽油倒入大铁锅内中火熬开，把洗净拍碎的生姜放入油锅里闭火，去掉凉油上的油泡子备用。

三是用油炸阴干好的糯米和花生。

四是熬糖。将白糖和饴糖置于大铁锅内，加入少许开水，熬制成波美度在36度左右的浓度时，加入油炸好的糯米花和花生米搅拌。

五是造型。把在大铁锅内拌匀的热米花糖起锅铲入模型木盒内，用木碾板碾平，晾干后呈块状成品米花糖。经过精心制作而成的桂华斋米花糖色泽白净晶莹，香甜酥脆，入口化渣，深受顾客欢迎。

桂华斋米花糖制作工艺代表性传承人王德虎是王氏制糖第六代传人。他从父亲王道平处学到桂华斋米花糖制作技艺，从20世纪80年代起开始制糖。适逢改革开放，在国营食品厂当技工的王德虎响应国家号召，自谋职业，开办了武都德虎食品厂，并注册了"桂华斋"商标。为更好地传承桂华斋米花糖制作工艺，他多次前往成都学习先进的制糖工艺，并将技艺传授给徒弟张友伦。张友伦如今也已出师，成为该非遗项目的代表性传承人。

（郭　平　谢小东）

雾山石刻

雾山石刻是发源并传承于江油市的民间美术雕刻工艺，主要产地在江油市武都镇和中坝镇。它起源于唐代，明清时期渐兴，大约民国时期军阀混战期间至抗战爆发前，雾山石刻的生产规模及工艺水准达到高峰，砚台、插屏等作品成为中高层人士馈赠亲友的礼品，在川内广为流传，被誉为"四川三大石刻"之一，至今川西各地文物收藏单位仍收藏有江油雾山石刻作品。

雾山石刻所用石材原产于江油市国家地质公园、著名风景名胜区观雾山，其石色黑如墨，质细如玉，叩之声音清脆悦耳。一件成功的雾山石刻需经过采石、开型、出坯、绘样、雕刻、镶嵌、题诗、落款、收细、打磨、装盒等十余道工序才能完成。石刻综合采用平雕、浮雕、圆雕、镂空雕、线雕等雕刻技法，以历史人物、山水风景、花鸟鱼虫等传统题材为主要内容，尤其注重以李白文化为艺术构思重点，突出表雾山石刻"圌岭揽翠"

现涪江上游地区乡土风貌，制成砚台、镇纸、屏风、大型壁画等系列产品，具有较高的艺术观赏价值、收藏价值和实用价值。其代表作品有大型浮雕《李白故里胜迹图》《饮中八仙图》《李白行吟图》，及表现李白诗意和故里山水的"学士砚""龙须砚""李白诗意镇纸"等。

雾山石刻选料考究，选用色黑如墨、质地圆润的雾山石，要求原料质地纯一，叩之清脆，少结晶体，其后的开型、绘样、雕刻、收细、打磨是对工匠的眼力、巧劲、耐性的全面考验。雾山石刻作品要求雕工精美细腻，表现风格严谨写实，兼具清雅与厚重之美，在传统雕刻工艺中独树一帜。

20世纪40年代以来，雾山石刻生产停滞，外在原因是市场需求萎缩，面临淘汰；内在原因是匠人培养周期过长，技术更新滞后。20世纪80年代以来，雾山石刻重新得到重视，政府加大投入，帮助雾山石刻手艺人恢复人才梯队建设，营造了良好的社会氛围，使这一古老技艺逐渐恢复生机。

2007年，雾山石刻工艺被列为四川省省级非物质文化遗产项目，其影响遍及全国，产品为众多的文人雅士收藏，并远销海外。

（谢小东）

潼川豆豉

"出城五里，闻香扑鼻"说的便是四川三台县的潼川豆豉，民谣唱道："潼川豆豉保宁醋，荣隆二昌出夏布……"《三台县志》记载：清康熙九年（1670）左右，潼川豆豉创始人邱氏从江西迁徙至潼川府（今三台县），开始经营豆豉，在南门生产水豆豉零售。他根据三台的气候和水质，不断改进技术，博采古法之长，推陈出新，采用"毛霉制曲、常温发酵"生产工艺，酿造出色鲜味美、名闻天下的豆豉，因产地位于潼川而定名为"潼川豆豉"。

潼川豆豉产品

大豆作为一种植物，在中国普遍种植最迟在春秋时期，而酿制出豆豉最早大约在战国时期。中国现存最早的一部完整的农书、成书于北魏末年的《齐民要术》载有豆豉的具体做法。清康熙十七年（1678）潼川知府以潼川豆豉做贡品进献给皇帝，潼川豆豉被列为宫廷御用珍品，一时名噪京城，并逐步为全国知晓。从清末至民国时期，潼川豆豉的生产与销售盛极一时。1945年，三台县生产潼川豆豉者已达45家。

潼川豆豉采用"常温发酵、毛霉制曲"为核心的酿制技艺，以当年生产的优质大豆为主要原料。潼川豆豉聚千年龙眼泉水之甘洌，集百年老坛之精华，汇千家作坊之大成。豆豉色黑、油润发亮，食后滋润化渣、味香回甜，可炒食，可拌食，可做汤，是川菜中不可若缺的一种调味品，素有"川菜味魂"的美誉。2008年3月，潼川豆豉酿制技艺被列为国家级非物质文化遗产项目。2015年10月，"潼川"牌豆豉被评为

正在酿制的潼川豆豉

"四川省著名商标"。

2003年7月,四川省三台县潼川农产品开发有限责任公司正式成立,公司秉承三百年潼川豆豉的传统酿制技艺,集调味品领域的科研、技术、制造和市场资源于一体。近年来,公司经营日趋良性,表现出高速发展的潜力,已成为川北地区颇具影响力的调味品专业企业。为了适应市场的需求,公司投入巨资在芦溪工业园集中区征地50亩,修建新厂房,新厂房完成投产后将达到1个亿的产值,拥有年产潼川豆豉2万吨的生产能力。2013年公司完成整体搬迁。2021年,"潼川豆豉"专题博物馆正式投入使用和对外开放。

(赵文君)

杜氏皮蛋

杜氏皮蛋是三台县传统皮蛋制作技艺的典型代表。据杜家前辈口述,在清光绪年间,杜氏皮蛋当代传人杜智华的祖辈杜启香就因能制作很好的皮蛋而远近闻名。1983年,杜智华的父亲杜元庆创建了三台县中太镇乡镇企业，出口禽蛋制品厂，开启了杜氏皮蛋的规模化生产。

杜氏皮蛋坚持传统裹泥干包技艺，不含铅和防腐剂，保持了皮蛋的传统风味。杜氏皮蛋的生产制作过程主要包括选蛋、选材、配料、包制、腌制、敞晾等环节。

手工裹泥干包的杜氏皮蛋

选蛋：通过光照对鲜鸭蛋进行筛选，剔除不适合制作皮蛋的鲜蛋，并按照大小分级。

选材、配料：按照祖传配方，精选上等佐料，如茶叶、花椒、八角、山柰等。将佐料与纯碱、生石灰、黄泥等放入大锅里加水熬制成包料，然后用石臼将包料舂细备用。

包制、腌制：用包料混合米糠，均匀地把鲜蛋包裹起来，形成半成品，然后放入密闭的环境里（瓦缸）进行腌制，鲜蛋在这一环节逐渐转化为皮蛋。

敞晾：将半成品从密闭环境中拿出，放入木架上敞晾，使蛋白质进一步转化为氨基酸，并产生氨基酸盐，沉淀为松花。

此外，杜氏皮蛋坚持使用五层山（在今三台县建设镇北3千米）的土壤和井水制作皮蛋。据化验人员分析，这里的土壤和井水略带碱性，富含钙、镁、硼三种微量元素。优质的土壤和水源为杜氏皮蛋赋予了优良的品质和独特的风味。

熟化的成品杜氏皮蛋色、香、味俱全。剥去蛋壳，蛋白部分呈黄水晶般晶莹剔透的金黄色，内含白色的氨基酸盐结晶——松花；蛋黄部分透着自然的红色。皮蛋对半切开后，每一颗几乎都是优秀的三层比例：上好的溏心、软糯的蛋黄、Q弹的蛋清。溏心堪称杜氏皮蛋的精彩之处，与最内层的蛋黄半融，处在流淌和凝固的临界点上。入口后绵密和清爽两种滋味合二为一，软滑鲜嫩，香而不腻，既无明显的碱味，也无鸭蛋的腥味，令人回味无穷。

杜氏皮蛋

　　杜氏皮蛋腌制技艺于2015年被列为绵阳市第四批市级非物质文化遗产项目。其代表性传承人杜智华创办的四川杜智华农业有限公司（原四川省三台县智华食品有限公司）坚持传统与现代工艺相结合，现已发展成为以生产多种蛋类食品为主的专业化企业。公司拥有标准厂房近10000平方米、现代化农场近百亩，年产各类蛋制品产品1000余万枚，销售收入3000余万元，先后被评为"绵阳市农业产业化龙头企业""四川省成长型中小企业"。产品获得"绵阳市知名商标""绵阳市特色旅游产品"等荣誉称号，成为多家高端餐饮企业的供应商。2020年，公司被列为四川省首批非物质文化遗产优秀传承发展基地。

（郭　徽　赵文君）

金鼓粉条

金鼓粉条是三台县石安镇特产，也是三台县代表性土特产"梓州六锦"之一。金鼓粉条制作技艺已传承百年，2015年被列为绵阳市第四批市级非物质文化遗产项目。

石安镇位于三台县东北部，当地壤土和沙壤土较多，适宜红薯生长。自清咸丰年间起，当地农民就以红薯为原料手工制作粉条，延续至今。镇内常年栽种红薯3000～4000亩，年产红薯7000吨，有红薯手工条粉作坊近100家，年加工红薯6000吨，生产条粉200吨。

金鼓粉条的制作工序主要有打芡、揉盆、下粉、挑粉、淘粉、晾粉、晒粉等环节：将红薯淀粉加水化开并搅拌为芡糊，再揉制成粉料，放入漏丝机漏粉料入灶锅内煮成粉条，然后将粉条放入冷水池中冷却，最后将粉条露天放置在阳光充足的晒场上晾晒。

金鼓粉条质地优良，耐煮不糊汤，口感柔润嫩滑，富含碳水化合物、膳食纤维、蛋白质、烟酸和

正在晾晒的金鼓粉条

钙、镁、铁、钾、磷、钠等矿物质。因其良好的附味性,能吸收各种鲜美汤料的味道,食之更为爽口,深受消费者欢迎。

金鼓粉条手工制作技艺的市级非遗传承人为梁永,1989年他在金鼓场镇创办手工条粉生产作坊,将流散于民间的红薯粉条传统制作器具、工艺等进行收集、整理,结合现代技术予以改进和发扬。经过多年的发展,梁永于2009年成立四川金鼓食品有限责任公司,并在生产传统红薯粉条的基础上,研发出紫薯粉条、火锅粉、马铃薯粉条等系列产品,使金鼓粉条的市场规模和品牌影响力进一步扩大。

(三台县地方志办公室)

麦冬酒

涪城麦冬是三台县的道地中药材，富含氨基酸、三种以上寡糖和一种以上中性多糖、九种以上高异黄酮类化合物及葡萄糖甙、七种以上甾体皂苷和维生素A、B、C、D等三十余种对人体有益的化合物，具有润肺养阴、益脾生津、清心除烦、凉血止血、美颜益肤之功效，泡酒入茶均可。

20世纪80年代初，三台县杨氏家族开始尝试用麦冬酿酒，由于他们对麦冬及其他食用药材的加工炮制方法还处在摸索阶段，这种酒并没有得到普遍认可，仅在三台县麦冬产区及个别乡镇流传。80年代中期，各地乡镇企业发展迅猛，三台县人民政府决定利用麦冬须根丰富的资源优势申请省级科研开发项目，麦冬酒的酿制也被列为政府支持的研发项目。杨氏家族麦冬酒酿制技艺传承人杨文斌把生产的麦冬酒酒样送往绵阳市质检和食药监部门检验鉴定，鉴定结果表明其符合白酒理化卫生指标标准，并达到国家金奖酒竹叶青所符合的露酒国家推荐标准（QB/T1981-94）。杨文斌遂在原小作坊的基础上扩灶增窖，扩大生产，每年麦冬酒产量为10~20吨。

麦冬酒的酿制先要精选新鲜无公害的涪城麦冬，分榨汁发酵、原酒浸提、药物配制三大步骤进行。除高粱、小麦等粮食为辅料外，主要原料有涪城麦冬、雄蚕蛾和刘寄奴。麦冬酒采用自然发酵，不添加任何酒精、糖精、香精，是一种纯天然药物保健酒，具有改归经、增疗效、去毒性、强肌体的综合效果，食用、药用价值突出。2010年，麦冬酒酿制技艺被列为绵阳市第三批市级非物质文化遗产项目。

丰绵酒业公司所生产的麦冬酒产品

三台县立足县情资源优势抓发展，率先在全国成立"麦冬产业开发办"，把麦冬和麦冬酒打造为三台县对外宣传和特产销售的特色名片。杨文斌创办的绵阳市丰绵酒业公司所生产的麦冬酒也获得诸多荣誉：1988年获"四川省行业优秀新产品"奖，2008年获中国绿色健康食品奖，2011年被评为"四川省创新品牌酒"。其产品在川渝、两广及福建、浙江、上海等经济发达地区深受青睐。

（赵文君）

鹅溪绢

鹅溪绢的原产地盐亭县鹅溪镇（鹅溪场）位于盐亭、梓潼、三台三县交界处，是古代梓江的水陆码头。鹅溪镇距盐亭县城41千米、距绵阳市区78千米，面积为101.8平方千米，地处亚热带湿润季风气候区，日照充足，无霜期长，中浅丘地貌，林木茂盛，土质肥沃，宜桑蚕。

上古时期，西蜀曾有一个岐舌民族，居住地称岐舌国，即今盐亭岐伯镇、鹅溪镇一带。首领岐伯和族民在梓江支流创建"鹅溪绢纺织坊"，并在金鹅山大坪台兴建交易丝绢的集市，"鹅溪市"因此得名。现在尚存鹅溪镇（场）、鹅溪市（寺）、罗织坪、马桩树、皇娘树、女皇题诗处、银碑石、金鹅潭、仙鹅池、孝子塚等遗迹。

关于鹅溪绢，《辞海》称："四川省盐亭县西北附近以产绢名，称为鹅溪绢，唐朝时以来为贡品，宋人书画尤重之。"明《一统志》载："天下皆称鹅溪绢。"《汉潺亭考》载："鹅溪在城北，流入溪，溪上人家以绢为业，简洁异他处，即文与可诗所云鹅溪绢也。"鹅溪绢是传统书画裱褙的常用材料，现中国国家博物馆、上海博物馆、广州艺术博物院、台北故宫博物院共藏有4件北宋盐亭籍著名画家文同竹画手迹，都是在鹅溪绢上所作。

鹅溪绢所用丝料以缫制为中心工序，经混茧（把不同的干茧按工艺比例混合）、剥茧（剥去毛茧表面的茧衣层）、选茧（按茧型大小、色泽、茧层厚薄进行选择，并剔除下脚茧）、煮茧（将茧用水加热，添加助剂适度膨化溶解丝胶）、缫丝、翻丝、摇丝（将缫制的小丝送到复摇车加复摇，烘干成大丝）、编

北宋画家文同在鹅溪绢上所作的《墨竹图》（局部）

丝、扎绞、秤丝、配光等生产流程制作而成。

鹅溪绢通过经丝、纬丝交织的织造工艺制成，织造方式有"生织"和"熟织"之分。"生织"是把未经炼染的经纬丝制成织物再炼染成成品。"熟织"是在织前先将经纬丝染色，织成坯绸即成成品。鹅溪绢多是熟织而成。一件丝绸绢衣，从栽桑养蚕到缫丝织绸，漂染印整到裁剪缝纫有多少工序难以统计。从茧进工厂经过选、剥、煮、缫、洗、络、并、捻、蒸、晒、倒、牵、打、染、印、织不下三十多道工序方能成绢。

2017年，鹅溪绢传统制作工艺被列为绵阳市第五批市级非物质文化遗产项目。

（刘仕龙）

梓潼片粉

梓潼片粉是有名的梓潼名特小吃，与酥饼、镶碗并称"梓潼三绝"。

梓潼片粉为清光绪年间梓潼名厨仇宝祥所创。传说他在为人做菜时不小心把芡粉倒入蒸笼里，芡粉凝结成了片状，他从中得到启发，从而发明了片粉。片粉后来作为一道独具风味的地方名特小吃逐渐在梓潼兴起，声名远扬。

梓潼片粉的制作需选用上好的绿豆、豌豆或红

薯，其中以绿豆为最佳。其做法是：把豆子或薯块以水充分浸泡后，磨制成浆；淀粉直接加水和匀，用纱布滤渣，沉淀为粉，取新鲜的青菜、

梓潼片粉（张玮　拍摄）

韭菜捣烂，用布包起来，挤压取汁，加在绿豆粉浆里，和匀兑成翡翠色，然后将点好的粉浆用勺子舀至平底锅内，放入沸腾的开水锅里边摇边烫，凝结成薄膜状时，将锡锅深入开水锅内再略烫一下，待完全熟透，放入凉水中冷却，再一张张重叠在案板上，待有数十层之后，用刀切成一寸宽左右的长条，吃时一片片撕开，薄滑透明，故称片粉。

吃片粉特别讲究调料，多配以麻辣酸味调料，熟油辣子、花椒面、豆豉酱汁、蒜水、酱油、醋、食盐、芥末子等不可或缺。片粉可以凉吃，也可以用于烫火锅、炒、炸等，均美味可口。

梓潼片粉（潘丽　拍摄）

2011年7月，梓潼片粉制作技艺被列为四川省第三批省级非物质文化遗产项目。

（李雨芮）

梓潼镶碗

梓潼是川西北丘陵山区县，镶碗是梓潼县的一张文化名片，是乡间田席"十大碗"中的第一道盖面菜，被誉为"梓潼三绝"之一。据传，镶碗原是宫廷御膳，明臣仇鸾后人举家迁居四川梓潼，并将此菜的制作方法一并带来，流传至今。

梓潼镶碗（罗仕富　供图）

另据梓潼当地学者考证，镶碗的产生与旧时"接官"传统有密切的关系。清代，梓潼地处驿道要冲，过境官员较多，县里承担着繁重的接待任务，要充分考虑外籍官员尤其是来自北方、江南等地的官员清淡的饮食口味。乾隆年间，一位名叫仇宝祥的厨子在反复揣摩的基础上，精心研制出镶碗菜系，大获成功，由此成为梓潼当地"接官"的招牌菜，为其发扬光大奠定了坚实的基础。后经川菜泰斗史正良大师创新，又推出了"玻饺镶碗""海味镶碗""双喜镶碗"等品种，备受食客青睐，并入选"中华文昌宴"菜单。

梓潼镶碗的用料是鸡蛋、淀粉、豆腐、精猪肉和羹料木耳、黄花等普通食材。肉末剁好后，用食盐、姜米、葱花、花椒等拌匀，按压结实，成为长方体，再放进笼屉里蒸熟，耗时约一小时；蒸肉末的同时，准备适量的蛋清和蛋黄，分置；肉末蒸好后，在其表面均匀抹一层蛋黄液，再入锅蒸十分钟后端出来；接着在其表面抹上一层蛋清液，入锅再蒸十分钟即可。待其冷却后切成片状，黄、白、肉色层次分明，这就是镶碗的主料。片状主料整齐码放于大海碗中，上面加肥肠、酥肉、肺片、黄花菜、粉丝等其他原料，入锅再蒸十分钟。出笼时翻入大碗，渗入高汤，上桌后形如宝盖，又似莲花开放，层次分明，营养丰富，香味四溢。

镶碗清淡宜人，与传统川菜味重辛辣的风格迥然不同，丰富了地方饮食文化的内涵，成为川菜园地里的一朵奇葩。

（郭　平　李雨芮）

许州凉粉

许州凉粉是流行于梓潼县许州镇的一道民间风味小吃。其味道清香滋润，口感柔韧滑爽，营养丰富，开胃去火，老少皆宜。

　　许州地处梓潼河的上游，七曲山脚，这里水质独特，许州凉粉原产地主要分布在许州镇的联合、平原、青安、百顷等村。目前，许州凉粉没有得到产业化发展，只有在赶集日在场上才吃得到。

　　相传，明末农民起义军首领张献忠在梓潼许州一带打仗，因军中粮食不济，便从当地老百姓那里买来许多豌豆。他们用水将干豌豆泡胀后，磨成浆煮成豌豆糊食用。后来，士兵们发现这种豌豆糊放凉后会凝结成块状，可用刀切成条、片、块，加上食盐等调料凉拌吃，味道比豌豆糊好吃很多，因此深受士兵喜爱，这便是许州凉粉的雏形。许州人延续了这种饮食，并越做越精细，越吃越讲究。

　　许州凉粉的制作十分传统，首先选取当地无霉变的普通豌豆，把豌豆洗净，浸泡4～5小时。同时另取洁白、纯净的优质石灰，加水溶化成饱和石灰水，让其自然澄清，取其上清液装好备用。豌豆浸泡后，连水带豆在石磨（钢磨或粉碎机）上磨成浆，盛入锅中。然后，用旺火将锅中的豌豆浆煮沸，后以小火熬煎，并用一木棒在锅中不断搅动。这时把事先准备好的石灰水缓缓注进锅中，使豌豆浆凝固。石灰水的用

许州凉粉

量可根据对凉粉老嫩程度的不同要求略有差别,以做到无苦涩味为宜。一般1千克豌豆用100~200克饱和石灰水。加过石灰水的豌豆浆还须熬一下,当用锅铲挑起一点浆水,其黏度恰好处在似滴非滴不分流的状态时,就表示火候已到,应及时舀出。最后,将熬好的豌豆浆盛在瓷盆中,让其自然凉透后,翻倒在铺有清洁湿布的案板上即可。

许州凉粉的调料同样讲究,熟油辣子要红亮香辣,花椒要麻,加上熟芝麻油、蒜泥水、上好的酱油、醋、味精、食盐、芥末油等,一碗风味独特、清香滋润、柔韧滑爽、干香麻辣、老少皆宜的许州凉粉就做好了。还可与鸡肉、猪肉相拌,荤素搭配,冷热俱佳。

2010年,许州凉粉被列为绵阳市第三批市级非物质文化遗产项目。

(郭 平 李雨芮)

平武陈年梅线

平武陈年梅线是有500多年传承历史的传统工艺食品，其具体演变与发展已难以考证。

梅子营养丰富，维生素C含量高，既可入药，又可制成健康饮料，有清热解暑、防癌治病等功效。古人很早就认识到梅子的重要价值，东汉末年，曹操、刘备"青梅煮酒论英雄"的历史故事流传至今。梅子

平武果梅

也是唐宋时期人们日常生活中的重要调味品，在历史上长期与盐并称"盐梅"，古人诗文中屡见不鲜。平武栽种梅树已有500多年的历史，果梅分布于海拔640～1600米的地带，平通、响岩、古城、豆叩、高村、木皮、木座、阔达等乡镇都是果梅的集中产区，全县年产果梅达100～200吨，优质品远销国外。

梅子经加工制作成梅线可以经年不坏，历久味醇，称为"陈年梅线"。明清时期，梅线便是龙安府的特产，曾作为龙州土司赴京朝贡的贡品，当年除上贡外，只有少量流入民间，供士大夫休闲品味。清代山东人王培荀曾任四川知县，著有《听雨楼随笔》一书，记载了在蜀地的见闻，有不少掌故，其中就有关于梅线的详细记录，全文如下：

龙安府城中，妇女善制梅线，摘青梅置石灰水中，漂数日，取出，用小利刀镟梅，一条可长三四尺，谓之线，以线入清水透过，结为花果状，一串可堆一盘，然后入崖蜜中渍之，蜜换四五次，毫无酸味。其香与色，犹是梅也。闺阁中以此赌巧，称珍贵焉。

这段文字虽然短小，但讲出了梅线的得名来由，而且完整地介绍了梅线的生产过程，主要分为四步：

第一步是以碱水浸泡，杀其酸涩；第二步是以小刀镞切成长线，这是其得名的缘由；第三步是编织成型；第四步是以蜂蜜多次腌制。最后的成品可谓色香味形具备，难怪可以成为贡品。

普通的梅子能制作成如此高格调的食品，古人的智巧令人惊叹。这种略显"奢靡"的工艺，因超出普通消费者的承受能力，难以长久维持，"镞梅成线"以及"编结花果"这两个步骤逐渐被淘汰，也就是一种必然了。

今人制作陈年梅线摒弃了传统工艺中"华"的一部分，保留了"实"的一部分，成了"梅饯"，是出于一种务实的态度，偶尔仍称"梅线"，则出于一种情怀的寄托。

制作梅饯的果梅不能熟透，以个大稍呈生色青为好。陈年梅饯的制作方法大致是把果梅经过初步筛选、加工后，放入纯净的上等蜂蜜中，密封浸渍，达到一定的时间就成为梅

平武陈年梅饯

093

饯。蜂蜜中有了梅的清香,果梅里融入了蜜的甘甜,可做羹,做茶,酸甜爽口,是夏季解暑的佳品。

尽管"梅线"变为"梅饯",且平武梅饯的产销量逐年趋旺,但平武陈年梅线的制作工艺仍然有其不可替代的人文价值。

2008年,平武陈年梅线制作工艺被列为绵阳市第二批市级非物质文化遗产项目。

(郭 平)

白马藏人蜂蜜酒

白马藏族乡处于四川盆地的北沿大山区,那里山高林密、气候寒冷。清道光年间的《龙安府志》称平武白马藏族乡:"地俱深山密箐,危崖峭壁,四时积雪,地极苦寒,五谷不生,多荒少熟……""松峰积雪,六月如银,地则刀耕火薅,人半耐寒披毡……"酒是白马藏人必不可少的日常饮料,最常见的有咂酒、蜂蜜酒和青稞酒几种。

蜂蜜酒是白马藏人酒类饮料中极具特色的佳

品，色泽如上等蜂蜜，橙黄，半透明。味道则甜中沁凉，凉过微酸，有蜜的滋味，有酒的醇香。由于味道醇厚，酒精度低，蜂蜜酒既是白马藏人必备的开胃佳品，也是待客佳品，具有浓郁的地方特色与民族特色。

蜂蜜酒用上好的蜂蜜做成。先熬好蜂蜜放进罐中，掺入适量的凉开水，再放少许青稞酒发酵，然后用泥密封三四天。

熬炼蜂蜜时要看色泽，要熬得绯红，让泡子、腊渣、生花粉翻起来，熬嫩了味淡，熬老了味苦。掺水也讲究分寸，水多了就淡，水少了又酽。然后打掉泡

白马藏人酿制蜂蜜酒

子掺青稞酒（或玉米面醪糟）。密封的罐子如果不启封可以留到过年喝。如果当时喝就不用泥封，只盖上盖子就行了。

白马藏人历来好客，客人进门，主人先按长幼尊卑安排好座位，然后斟上美酒，一边喝酒一边叙谈或唱歌。

白马藏人酿制蜂蜜酒的工艺源远流长，数百年来，由于交通闭塞等，白马藏人的生活一直保持着古朴原始的特性，可以说白马藏人酿制蜂蜜酒的工艺是一种文化形态的"活化石"。由于古籍资料记载的匮乏，古老的酿制蜂蜜酒工艺对于研究这一独特的民族文化与历史就尤为重要。2008年白马藏人蜂蜜酒制作工艺被列为绵阳市第二批市级非物质文化遗产项目。

（平武县地方志办公室）

北川老腊肉

腊肉是一种具有地方特色的风味食品，全国各地腌制的腊肉口味不尽相同。北川老腊肉凭借独特的

北川阿婆正在熏制腊肉（徐正斌　摄）

气候以及人文特色，伴随着当地的历史以及人们生活的不断演变成为地方名品，在国内也享有一定的知名度。

起初，羌民只是为了把自己吃不完的猪肉熏制成腊肉存储起来，后来，人们又想到把新鲜的猪肉全部熏成腊肉存储几个月或一年，用来招待贵宾。随着生活环境和生活条件的慢慢改善，味道鲜美、口感独特的北川老腊肉逐渐被更多的人认识，作为当地的一种特产被更多的人食用，是当地羌族人过年过节或者招待宾朋的上佳食品。

北川老腊肉之所以闻名，一是因为羌族人居住在海拔1300米以上的特殊地理环境中，才能腌制出独特风味的腊肉；二是在腌制和烟熏的过程中采用了历史悠久的传统制作技艺，使腊肉色泽红亮、味道醇香、肥而不腻、瘦而不柴，适应了现代人对营养健康饮食的需求。

北川老腊肉传统制作技艺源于羌族人最古老的食品保存技艺，腌制全猪（膘）放置多年不变质。腊肉制作几乎根植、涵盖和反映了羌族社会生产生活的各个方面，当地甚至有赛陈年腊肉的风俗。每年的冬至前后，北川羌民每家都会宰杀过年猪，他们先将肉分块后加入盐、花椒、茴香、桂皮等混合腌料粉擦抹擦透，放入石缸中腌制，约3天翻缸一次，约7天左右开始起缸，起缸后的腌肉还需悬挂一两天沥净多余的盐水，再悬挂至烤火的火堂上或煮饭的灶台上，然后采集当地的生柏树枝、青杠树枝、木屑等材料进行烟熏。羌族人都有烤柴火的习惯，从当年的冬月至来年的三四月，腊肉会一直熏着，这种腊肉可保存一至两年。

2015年，北川老腊肉制作技艺被列为绵阳市第四批市级非物质文化遗产项目。

北川老腊肉的吃法很多，可以煮熟后切片直接食用，香味四溢，口感舒适，也可以做腊肉回锅、腊肉炒饭，还可以和青蒜、蒜薹、芹菜、苦瓜等蔬菜同炒，味道佳，且不油腻。吃火锅的朋友也经常蘸上作料，来个腊肉涮。

（全理强　郑玉萍）

北川罐罐茶

古羌文明源远流长。神农氏、大禹皆为羌人，相传神农尝遍百草，发现了茶叶，大禹之妻涂山氏发明了罐罐茶。古羌罐罐茶制作技艺经历了原始时期以晒青叶加不同的食材煮食阶段，唐代制作成圆饼或方砖饮用阶段，近代"西路边茶"阶段。现代的罐罐茶是在挖掘羌人传统茶叶制作技艺的基础上，以唐时的神泉小团为参照，采用国家地理标志保护品种——北川苔子茶创新研制而成的一种褐叶黄（红）汤、陈香浓郁、滋味甜醇的茶饮。

古代羌族人制作茶叶是取茶树新梢往根部二尺长左右的茶树枝，在火塘的红灰中迅速滚过几遍，祛除部分青草气，等茶梢变蔫后摘下叶片清洗，晾干水分，用手摘下较嫩的叶片进行揉捻，让茶叶更有滋味，然后将揉捻后的茶叶晒干。摘下叶片的枝条还要再放进红灰中来回滚几遍，直至有明显的香气时取出洗净，用剪刀或刀将枝条断成寸把长小段后晒干，最后与晒干的茶叶一起存放。存放的方式有两种。一种是将晒干的茶叶、茶梗装入土陶坛子中保存，让其陈化。存放茶叶的坛子底部须放置一层木炭，用来吸收水分，防止茶叶受潮变质，木炭上要再铺一层草纸将木炭与茶叶隔开，保持清洁，这种是常用的存放方式。另外一种方式是将茶叶和茶梗压制成方砖或圆饼茶烘干存放，称作"古羌茶"。煮制时用高五寸、口

煨煮罐罐茶

径三寸左右的土陶罐置于火塘边加水及茶叶煨煮，水开后加入荞麦面、酥豆、青稞等五谷杂粮及羊肉、小鱼干等，煮好后或加入盐巴、蜂蜜等调味品调味，就可以食用了。

古代羌族人饮茶将茶倒入陶罐中煎煮，这是我国唐代就有的烹饮方法。将所有的茶具清洁干净，姑娘们手捧煎茶陶罐，将煎煮好的茶汁通过篾漏过滤，注入茶汤钵。羌族人在茶汤中添加各种调味品饮用。"五味茶"是在茶汤中加入花椒、生姜、辣椒等材料调制而成的，酸、甜、苦、辣、麻五味俱全。这道茶在羌人婚礼的"摆茶席"中是专为新郎、新娘准备的，是亲人们叮嘱新郎、新娘一定要牢记父母含辛茹苦养育儿女的深恩厚德。"蜜糖茶"是在茶汤中添加蜂蜜调制而成的。这道茶在羌人婚礼的"摆茶席"中也是专为新郎、新娘准备的。此茶茶香、蜜甜，意在祝福新人。"醪糟茶"又称"待客茶"，在茶汤中添加醪糟饮用，是羌族人祖祖辈辈传承的饮茶习俗，一碗浓浓的香茶敬献给客人，表达羌族人浓浓的敬意。2018年，北川羌族罐罐茶制作技艺被列为四川省省级非物质文化遗产扩展项目。

（全理强　郑玉萍）

北川水磨漆艺制品

早在西汉时期,北川就以盛产土漆(又名生漆)闻名,羌族水磨漆的主要原料以天然生漆为主。在我国生漆有"国漆"之称。史料记载,明末清初,北川羌族技师马达兴开设作坊,首创水磨漆器制作技艺,他的儿子马良云继承了这门手工技艺,并将之发扬光大。自此,羌族水磨漆艺在北川地区日渐盛行。

北川位于四川盆地西北部,境内峰峦起伏、沟壑纵横、阳光充足、气候温和、雨量充沛,有利于优质漆树的生长,而产于海拔1800米以上的天然生漆则为漆器的制作提供了极佳的原材料。

羌族水磨漆器的制作大致分为打坯、背布、上灰、水磨、上漆、绘制、抛光七个主要阶段。所有工序皆由手工操作完成,其工艺涂层要求较高,技术难度大,周期长,每道工序细致而复杂,有盖面漆画、抛光等几十道工序。尤其是盖面漆画要求在湿漆涂层未干前的半个小时内即兴创作完成,与其他漆画用已绘制完成的画稿转印到漆胎的方法相比，其难度可见一斑，成品有亮如镜、细如绸、画如生的质感。

羌族水磨漆画绘制以山水为主，也有生动的人物、花鸟、草虫及各式图腾符号纹样，既保留了本民族传统的色彩与线条的构成特点，

水磨漆艺制品

又呈现出中国画的写意风格，具有极强的文化艺术价值。另外，羌族水磨漆取材于天然漆树，无化学添加成分，并运用独创的绘制手段，将矿物颜料完好地封存于漆底，令漆器表面具有耐高温、耐腐蚀、耐磨损、耐浸泡的特性。漆艺制品繁多，既有装饰器物，又有生活用品，加之独特的艺术工艺，具有广泛的使用价值和极高的收藏价值。

北川羌族水磨漆艺传承人朱红志在吸收前人经验的基础上，多次对水磨漆工艺进行创新，突破了传统水磨漆线条和花纹简单的局限，广泛地与金石篆刻艺

术、书法艺术和绘画艺术结合起来,极大地丰富了水磨漆的内涵,同时,结合羌族民族绘画特色,开创了擦色、贴金、镶嵌、漆雕、堆漆等工艺。2009年,北川羌族水磨漆艺被列为第二批四川省非物质文化遗产项目。

(全理强 郑玉萍)

北川传统玉米酒

玉米酒是羌族人庆丰收、婚嫁、红白喜事以及祭祀诸神,祈求保佑人畜兴旺、五谷丰登不可或缺的一种祭品。羌人在重要节日围坐在篝火旁,喝起自制的纯羌山玉米酒(咂酒),载歌载舞,以释放一天的劳累,迎接第二天的黎明。羌人历代居住在海拔三千多米高的云端之上,以寨子为集聚点,山高地寒,当地主产玉米、黄豆、荞麦、青稞等,羌人用自己种出的玉米和水质优良的山泉水做原材料,酿造出的纯粮食玉米酒甜美、醇香,号称"北川五粮液"。

北川传统玉米酒的酿造按照羌族传统制酒方法

出蒸（北川县文化馆提供）

摊晾（北川县文化馆提供）

105

接酒（北川县文化馆提供）

酿制而成，主要分五步：第一步是蒸煮，将干玉米挑选洗净后倒进一个圆形池子中蒸煮，直到玉米表皮开花，耗时约4个小时；第二步是做香，将玉米捞出放在一个个簸箕内，逐一撒上酒曲并搅拌均匀，然后将玉米倒在凉席上；第三步是窖香，即撒上酒曲24小时后将玉米倒进几个四方池子，等待7天；第四步是烤酒，将玉米从四方池子中捞出倒进第二个圆形池子，开始烧火；第五步是出酒，把烘烤过程中升起的水蒸气通过一个竹子管道导入到另一个容器中，不断地加冷水进行冷却，雾气凝结成的液体就是酒。酿好的酒一般多用竹筒和土瓦罐盛装。2008年，北川玉米酒传统酿造技艺被列为绵阳市第二批市级非物质文化遗产项目。

北川境内的传统玉米酒以马槽酒最为出名。马槽乡位于青片河中游，辖区内常年森林茂密，山清水秀，具有得天独厚的气候条件和水质条件。全乡现有大小酒厂17家，年产马槽酒2100余吨，产值3000余万元。该地生产的白酒兼具独特的民俗风味和传统酿制工艺，味美、醇香，现已正式申报地理标志保护产品。

（全理强　郑玉萍）

其他地方名特产

丰谷酒

丰谷镇酒业起源于清初王秉政创办的天佑烧坊。

王氏祖籍为陕西省户县黄沙镇。陕西处于中原入蜀的必经之地，也是历代"北人南迁"的通道，明末清初的战乱导致四川荒敝不堪，大量陕西人在清初"三藩之乱"后迁往四川，早于康熙中后期开始推行的"湖广填四川"移民大潮。

户县王氏举家迁入四川省绵州铜牟镇（今丰谷镇），以插占为业，当地的盐业资源和口岸优势为王家创业提供了有利的条件。清康熙二十三年（1684），在百废待兴的社会环境下，王秉政靠着早年学来的酿酒手艺，在丰谷镇上开设零售酒店，名为天佑烧坊。此时期烧坊成品酒的销售对象多为社会底层民众，他们无所谓品质，但市场有喝酒需求，行情看好。王家诚实无欺，服务周到，烧坊的生意日益兴隆。王家自置小甑，扩大业务，开始按大曲酿造技术改进酒品质量，但技术上尚不成熟，出酒时而醇厚，时而淡薄，人们给这种质量不稳定的小甑烧酒取了戏谑似的诨名：花酒。

天佑烧坊窖池（现为丰谷酒厂生产车间）

康熙三十五年（1696），王秉政发现丰谷镇西边的白虎梁下有一口废弃的水井，水质甘凉爽口，正是酿酒的上好水源，于是购买了这口井。王家父子掘地为窖，以大甑酿酒，酒的品质终于实现了飞跃。每次出酒，王秉政都要亲口品尝，评定优劣，优者取新名"甘酒"，劣者沿用过去的诨名"花酒"，恰好可以应对不同的市场需求。难能可贵的是，王家此时确定了长期从业的家训，讲究注重品质，诚信经营。王秉政告诫儿子王法天：酒之优劣，入口可判，经营者应严把品评优劣之关，优者价优，劣者价廉，不可混同，此为立信之本，亦为经营者成败之基，应当铭记。

天佑烧坊生产的地窖大甑曲酒，原料是经过选择的优质南麦、小麦、大麦、稻谷和高粱，精工酿成，酒味醇香、清冽、回甘，深得消费者的喜爱，销路日益宽广，绵州各地争相购买，一水相通的射洪、蓬溪、潼南、遂宁等州县也闻风竞购，当时有人形容"酒随涪江而下，其香更浓"。康熙三十九年（1700），王家又掘地窖两口，并向州府申报"天佑烧坊"的名号，在绵州酿酒业确立了重要地位。

王秉政去世后，王法天恪遵父训，对天佑烧坊的配料、制曲、酿制、出酒、品味、定级，躬身自任，从严把关，并严格将出甑之酒封缸三个月，杀火气后再行售卖，确保了酒的醇厚之质，在同行中建立了声誉，在饮者中培养了信誉。

清代中晚期，涪江流域盐业生产逐渐凋落，王家烧坊亦受到相当大的影响，仅能勉强维持。民国初年，王家烧坊的第十二代经营者王开仁、王开义和王开礼为了适应新的消费理念，开始注重优质产品的知识产权包装，为主打产品甘酒推出了"国旗牌"商标。

1930年，天佑烧坊发展成有八个老窖的作坊，同时还有"玉森荣烧房""天泽永烧房"生产曲酒。成品有散装、罐装、瓶装，市场上统称"丰谷大曲"。瓶装丰谷大曲的民国国旗图案下有各家烧房字号，古风与新意兼具。

抗日战争爆发后，国民政府大力开发涪江水利，沿江流域的粮食产量得到大幅度提升，与之同步，丰谷酒的产量也达到了前所未有的高峰。1940年产酒30~40吨，几乎占有了涪江流域的整个市场，并向周边渗透，市面上相继出现了"丰谷镇老窖大曲""帆船牌"等种类。瓶装酒在本地的市场份额更大，商标图案亦由木刻改为石印，较往昔精致得多。外销则仍用传统的土陶罐加竹笼包装。

中华人民共和国成立后，绵阳县人民政府整合"丰谷天佑烧坊"与周围的50家烧坊，合并为"四川省专卖公司绵阳县国营酿酒厂",所产"丰谷特曲""丰谷大曲""富乐春"等丰谷牌系列酒,以省、市优质产品而畅销于省内外。

1979年后,丰谷人以丰谷酒酿造窖池"天佑烧坊"的名义向所在地国家工商局申请商标注册,获得"丰谷牌"的使用权,"丰谷牌"大曲瓶装酒正式问世。

20世纪80年代,新厂竣工,丰谷酒厂结束了作坊式生产的历史,由油坊街迁至绵阳城区,正式进入机械化酿酒阶段。此后,丰谷酒不断进取,相继获得市优、省优称号,始终秉持着王秉政创立的"自分优

丰谷酒

劣，不可混同"的诚信经营理念。

历经多次改制，丰谷酒业已经发展成为一家集研发、生产、销售于一体的综合性白酒酿造企业。公司占地1700亩，拥有四个生产基地和一个制曲中心，具备年产优质白酒10万吨、灌装7.5万升的生产能力。

近年来，"丰谷"系列产品以其"窖香幽雅，醇厚绵甜，尾味爽净"的独特风格，多次荣获"青酌奖酒体设计优秀奖""四川省名牌"等称号，先后荣获"中国驰名商标""中华老字号"等荣誉。创造性地研发出中国"低醉酒度"高档白酒三大标准，荣获"2012中国最具创造力技术"是"健康饮酒"新理念的积极实践者。

（郭　平）

崭山米枣

崭山米枣因其产地为三台县新德镇崭山村而得名，崭山村也因米枣闻名于世，先后获得"四川省乡村振兴示范村""四川生态宜居名村""全国文明

崭山村

村""全国一村一品示范村"等诸多荣誉称号。

崭山米枣是三台县独具地方特色的小水果。崭山米枣呈圆柱形，果形端庄，果顶平，皮薄光滑，果皮呈浅黄色。果肉绿黄色，肉质酥脆、化渣，味酸甜，品质佳，核小、梭形、红褐色，含丰富的维生素和钙、锌、镁等微量元素，营养价值较高且外观悦目。

米枣虽小，却大有来头。传说很久以前，崭山还不是崭山，只是掩藏于群山之中的一个小村落，那时村民日出而作、日落而息。然而，天公不作美，一次忽然暴发的山洪使村落几近毁灭，民房被破坏，稼畜被淹没，损失惨重，民不聊生。王母娘娘身边的一位仙女在天上见此惨状，顿生怜悯之心，决意冒险拯救黎民。仙女施展法术，带领百姓斩山劈石，以耕种仙米。仙女毕其仙力，引来天河之水，滋养仙米，长成仙树，结出形如小枣的仙果，甘甜可口，人们美其名曰"米枣"。百姓感念仙女，称其为"枣仙"。村人黄生感仙女慈悲，亦多照拂，时日愈久，彼此暗生情愫，只盼百姓安康，双宿双栖。后来此事被王母娘娘知晓，枣仙被缉拿回天庭。黄生悲痛欲绝，日夜思念枣仙，以致伤心辞世，村人将之葬于大垭口黄桷树下。枣仙遂弃仙身，坠于崭山化石，与黄桷树日夜守望，永不相离，庇佑山村，是为"枣仙石"。

崭山米枣种植历史悠久，东晋时期的《华阳国志·郪县》载："郪县有山原田，富国盐井，濮出好枣。"《嘉庆三台县志》《光绪潼川府志》《民国三台县志》都有相关记载。

近年来，崭山米枣因其优异的品质，斩获众多荣誉：2005年12月，获得第二届四川·中国国际农业博览会优质产品奖；2009年，被中国绿色食品发展中

崭山米枣

心认定为绿色食品A级产品；2010年12月，农业部批准对崭山米枣实施农产品地理标志登记保护；2012年，被四川省工商局授予"四川省著名商标"称号；2017年，获"中华人民共和国生态原产地保护产品"（PEOP）称号。三台县也被授予"中国米枣之乡"的荣誉称号。

近年来，崭山村成立了米枣合作社，聘请科技人员为果农提供产前、产中、产后系列化服务，由合作社为基地所有果农统一提供苗木、统一栽植、统一技术服务、统一包装、统一品牌，形成了"协会+基地+专业合作社+农户"的现代农业生产格局。2020年，崧山米枣栽种面积3550亩，年产值1900万元。当地还通过举办崧山米枣文化旅游节等形式积极发展农业观光、农事体验等乡村旅游产业，有效促进了一、二、三产业的融合发展。

（冉进财）

江油肥肠

江油肥肠是一道远近闻名的地方美食，外地人初来江油，往往惊讶于当地人早饭吃肥肠，殊不知，这正是旧时风俗之遗存。

江油旧属龙安府，当地地瘠民贫，从事重体力劳动的人较多，他们早出晚归，为了确保劳动效率，午饭一般草草应付，晚饭时间又难以确定，所以早饭一定要吃饱，于是形成了早上食荤的习俗。但又受制于经济能力，不能经常吃肉，只能退而求其次，在动物内脏、有身份的人不屑一顾的食材上动脑筋。猪大肠可以补充脂肪和蛋白质，以弥补重体力劳动的热量消耗，且价钱便宜，用红烧的方法烹调后，味偏辛辣，可以抵御寒湿之气。红烧肥肠由此成为当地最受欢迎的大众菜。

江油肥肠

清末民初,江油县中坝场青龙街东南方的大河坝上摆摊设点叫卖者甚众。摊主将肥肠同猪血、心肺同烧,食客甚众,多为劳力者或过往行商走贩。

20世纪50年代,江油县饮食服务公司在太平场一带开设国营餐馆,销售肥肠和干饭,以供进城赶场的乡民中午充饥。改革开放后,江油开始出现了民营肥肠店。80年代中期,经营者率先在北门老商业局楼下开设"小小吃"餐馆,经营肥肠、干饭和蒸菜。金轮村"宋肥肠"也是当时极为活跃的个体餐馆,食客络绎不绝,引得众多经营者效仿。此后,冠以店主姓氏的肥肠馆如雨后春笋，涌现在江油的大街小巷。

江油肥肠的传统制作方法是将新鲜的猪大肠撕油洗净，煮成六七分熟，待冷却后切成二三厘米长的短节，放入油锅内煸炒，并放入本地优质香辣酱、生姜、花椒、大蒜等调料，加汤用小火慢慢烹制而成。后来，江油人又相继开发了干煸、凉拌、卤制、清炖、粉蒸等烹饪方式，但仍以红烧肥肠最受食客青睐。

如今的江油市，经营肥肠在十年以上的名小吃老店已逾十家，有川罗肥肠、健民肥肠、小小吃肥肠、周肥肠、城边肥肠、无名肥肠、肥肠之家、刘留肥肠、太白肥肠、幺妹肥肠、小镇肥肠、伍肥肠、江油味道肥肠等。

随着江油肥肠的名气越来越响，2015年8月江油食品协会成立了江油肥肠食品研发所，专门从事肥肠罐头、真空袋装肥肠等系列产品的研发。2016年，江油肥肠罐头和江油肥肠真空袋装正式投放市场。如今，肥肠已超越社会阶层，成为江油享誉川内外的一个地方饮食文化品牌，也是外地游客到江油必尝的一道地方美食。

（谢小东　郭　平）

后 记

《绵阳地情》丛书是经绵阳市人民政府批准、由绵阳市地方志编纂中心组织编纂出版的系列地情普及读物。该丛书旨在通过介绍绵阳的历史人文、自然地理、名胜古迹、风土民俗等独具地方特色的地情资源，宣传绵阳优秀传统文化，彰显绵阳多姿多彩的城市魅力。丛书力求采用通俗、生动、简洁的记述方式，做到史实可信、言之有据、文风活泼，兼具权威性、知识性和可读性。

《绵阳名产》作为《绵阳地情》丛书系列之一，主要选介了绵阳市境内地域特色突出、知名度较高、具有一定产业规模或经济价值的地方名特产品。入选名产以传统农副土特产品、手工技艺产品、地方传统美食等为主（不包含现代工业品），类别主要分为地理标志保护产品、市级以上非物质文化遗产项目、其他地方名特产（书中名产排序基本按其所在县级行政区域排列）。除介绍产品的基本情况外，重点反映其品质（工艺）特色、历史渊源、人文内涵、开发现状等内容。通过对这些地方名产的了解，读者也能领略到绵阳复杂多样的自然地理环境和博大深厚的历史人文底蕴。

本书的编纂得到了绵阳市各县（市、区）地方志工作机构以及部分行业主管部门和单位的鼎力支持。书中图片主要由各县（市、区）地方志工作机构（未署名图片）及部分摄影家提供，在此一并致以诚挚的谢意。

限于编者水平，书中错谬在所难免，望读者朋友不吝赐教。

编者

2022年7月